1841

一八四一

何來華僑

CHINESE?

斯波義信——著

1841
一八四一

目錄／

出版說明

二〇二四年出版「新南洋史」系列，旨在介紹唐人社會在東南亞的發展歷程，及其作為東南亞各國國民在近世演成不同於「中國／中華」生活形式的過程，以在地唐人為主體，在放下政治與文化濾鏡的手法下，擺脫漢族與中國中心的觀點，重塑「唐人」在被稱為「南洋」、「努山塔拉」的舞臺上所演出的不同故事。白偉權《拜別唐山：在馬來半島異域重生》及莫家浩《臆造南洋：馬來半島的神鬼人獸》兩部作品在臺灣及海外均獲得眾多讀者注目，一八四一出版社深感榮幸。

「新南洋史」系列在東南亞研究及世界華人研究的領域蒙不同學者關注，一時引起各種討論。但誠如不少學者所留意，如果讀者從冷戰以來相關領域學術發展脈絡著眼，「新南洋」以本土為中心的討論，並非以意識型態凌駕史學的結果，而是建基於不少前人研究的基礎之上。馬新史學名家許雲樵（一九〇五—一九八一）早在名著《南洋史》（一九六一）就擬出了我們至今仍然認同的各項觀點：南洋史是對「南洋」地區歷史的研究，其核心在於探討東南亞各地的歷史、文化與社會發展。這部歷史學科涵蓋的範圍廣大，橫跨地理、政治、經濟、文化與民族等多個維度，體現出縱橫交錯的特性。「南洋」地區橫跨赤道，地形破碎，由眾多島嶼組成，其特殊的地理環境決定了其歷史的多樣性與複雜性，最重要是使其成為了多個文明交流的重要樞紐。由於與單一國別史不同，南洋史須整合多民族、多文化的歷史發展，形成一個縱橫交融的整體，不僅需要橫向展示各地的地理與文化特徵，也需縱向探討歷史的演變過程。故此，從史前的社會形態到近代殖民地社會的建立，均在南洋史的研究範疇之內，其謂：

南洋，吾人已知其包括中印半島與馬來西亞各國，不特範圍遼闊，抑且民族龐雜，興替靡常，故吾人言南洋史，不能如國別史之單純，蓋須綜合南洋各族之史實，冶為一爐，成一整體，有若《戰國史》、《三國志》等。顧此二者，猶為斷代史，而南洋史則為通古之作，既已橫衍，復須縱通，故其性質尤為繁複，向為世界史、東洋史之一部份。惟時至今日，東南亞已嶄露頭角，民族均紛謀自決，且華胄生息於是者數逾千萬，而前途鯱庬，殊堪警惕，南洋史之專攻，不特為南洋各民族之急務，亦吾儕所不容忽視者。（《南洋史》第一篇第二章）

據此，我們可以看到前人著述「南洋」的重點不單在於「中華」的延伸與傳承，而是在二十世紀中葉民族情緒橫流的時代危機中，思索作為「南洋」或「東南亞」整體當中一員的「華胄／華人／唐人」如何在整體當中的角色；這一視點正類同於孔復禮（Philip Alden Kuhn，一九三三—二〇一六）關於海外華人的名著《Chinese among others》（二〇〇九）。相對於上述視「唐人」為「南洋」一環的「南洋史」與「南洋書寫」，戰後的「華人研究」或「華人文化社會研究」的側重顯然不同。

後者的主體在於「華人」、「華人性」、「華人文化」的傳承與變遷，思考移居或作為小眾的「華人」在同化、涵化、融合過程中建立新文化模式的本土化、調適程度問題。在這框架下，一般學者都將在地非華人族群、國家政策想像為外在因素（exogenous factor），集中疏理東南亞不同區域「華人社會」或「華人文化」的內部差異性，描繪著一個看似邊際界域清晰的「華人」族群與他者的互動，失落了「南洋書寫」傳統中對界域模糊性的敏感度與對「整體」的想像。

「新南洋史」與冷戰後的「南洋書寫」相異者，在《南洋史》出版後六十年間，歷史學界經歷了種種創新：國別、族群的想像在Benedict Anderson（一九三六—二〇一五）「想像的共同體」論（imagined community）與James Campbell Scott（一九三六—二〇二四）的「贊米亞」論（Zomia）後已不可同日而語；冷戰後史學界的全球關懷，也改變了我們對空間、概念、物質的想像。文化史、概念史、宗教史、性別史、情感史、動物史、環境史、微觀史等等不同「新興」的進路，也令傳統的地方研究、風俗研究、習俗研究添上了與全球史學連接的路由器（router）。為傳統的敘事方法賦上嶄新的關懷並非與傳統割裂，對傳統與經典的詮釋正正是創造的磐石。在戰時抵抗納粹德國國家神學與自由神學的瑞士神學家卡爾・巴特（Karl Barth，一八八六—一九六八）對當時及後世基督宗教思想的創造性破壞，就建立於其釋經作品《羅馬書釋義》（Der Römerbrief）。巴特認定「釋經就是神學思考」與朱熹（一一三〇—一二〇〇）所說「今日之看，所以為他日之用。須思量所以看者何為。非只是空就言語上理會得多而已也……須是切己用功，使將來自得之於心，則視言語誠如糟粕」類同。朱熹所說「人之為學固是欲得之於心，體之於身。但不讀書，則不知心之所得者何事」，亦是認為「讀書／釋經」與「得之於心／神學思考」為體用之別。熟識現代詮釋學觀點的讀者，自然會想到加達默（Hans-Georg Gadamer，一九〇〇—二〇〇二）關於解釋與理解不能離斷，二而為一的警示。

敝社是次譯注《何來華僑》與《泰地華人》兩部關於全球華人與東南亞研究

的經典作品，匯聚了馬來西亞、泰國、香港、臺灣、日本（由南至北）學者的參與，以「新南洋」的視角結合各地近年的本土關懷與學術成果，在闡釋施堅雅（G. William Skinner，一九二五－二〇〇八）與斯波義信（一九三〇－）兩位東亞研究宗匠作品的同時，為讀者補足、發明近年相關研究的成果。《何來華僑》提出「華僑」概念作為移民史中的「變態」（abnormality）倒照出界域模糊在人口移動過程中本為「常態」；《泰地華人》則以泰國的「Chinese」為中心，引導讀者思考數百年的「同化」趨勢何以到十九世紀末而忽爾消弭，而當中譯著者觀察到的核心問題，正是施堅雅「Chinese」在二十一世紀的族群觀念下，構成了無限的想像空間。

「南洋」的所指可以具備多層的意義，作為「空間」的「南洋」、作為「知識系統」的「南洋」、作為「人口流動範式」的「南洋」；歷經「拜別」和「臆造」以後，在「異域」多元雜處的過程中，作為小眾的「重生」，體現於「此心安處是吾家」的精神。「新南洋」的討論，遊走於「空間」、「知識系統」、「人口流動範式」之間，與讀者共同探索身分想像的多重可能。

推薦序

小島毅

本書（編按：指一九九五年出版的《華僑》）為僅有二百三十二頁的小冊子，但內容充實，在刊行後三十年的今天，仍是一般人欲了解華僑最適合閱讀的日文書籍。

序章以「亞洲四小龍」等新興工業化經濟體（NIES）的敘述開頭，乃因執筆年代之故，現今已無需多言。華人於國際經濟所占之地位極為重要，而這並非二十世紀突然出現的現象，而是擁有近千年歷史的事情。第一章以下則依時序解說。斯波教授從「華人的海上活動始於唐朝中期（八、九世紀），在北宋中期（十一、二世紀）取得了突破性進展」（七十一頁）的論述，可以看出其以宋代商業史為研究核心，並將之融會貫通，其說服力並非道聽塗說所能比擬。本書刊行後，包括日本在內，全世界都將十三世紀蒙古兀魯思（Mongolian Uls）對歐亞大陸的統治視為蒙古治世 Pax Mongolica 時代，並認為國際貿易在此期間得到長足發展，世界史也由此確立。但在東亞，華商早已活躍於海上貿易，而蒙古兀魯思（在東亞的統治、即元朝）也僅是利用了這一點而已。由此可見，本書的內容在今天更具重讀的價值。

斯波史學的特色在於摒棄正史所描寫的王朝斷代史，盡可能地引用接近原始資料的文獻，並運用量化分析統計數據，例如正史中常常會出現「此現象占七成」的描述，但往往缺乏實證基礎，而研究者不加思索就將此作為事實接受。斯波教授在與筆者日常對話中也經常批評這類現象。由於他為人溫厚謹慎，故鮮少在著作中直接批評，但事實上，他是通過整理精密數據，來反駁那些史料判斷不充分的研究成果。本書雖然是面向大眾讀者，所以沒有詳細闡述考證過程，但本書並非使用含糊的字眼，如「多／少」、「增加／減少」，而是使用了正確的數值，這也是本書的優點。例如一〇六頁的各地區人口增長率，以及一三二頁的巴達維亞人口構成。

本書以日本讀者為目標，故書中對華僑在日本的活動著墨頗多。第二章第四節「日本華僑的輪廓」和第四章第三節「開國後的日本華僑」，或許不是中國讀者所關心的議題，但前者以「歷史的沉重」為題，描述華人與日本之間的悠久交流史，這有助於我們理解今天中日關係。後者也並非只是簡單的歷史羅列，而是在對十九世紀中期之後的近代日本社會進行學術性批判，這些內容都具有學術研究的價值。日本的本國史研究在過去偏向於一國史觀，但在最近二十年，人們開始更加重視日本與其他國家的交流史，本書中所提到的許多史實也比以往更為人們所知。但這並不意味著中國讀者對此也有相同的了解，筆者雖然對此並不熟悉，但本書作為這股潮流的先驅，記錄了日本歷史上的華人商人的作用，故希望中國讀者能夠閱讀此書。

另外，本書還有很多其他值得稱道的地方，由於篇幅有限，只能就此打住。本書結尾的一句話（三一七頁）是斯波教授作為歷史學者所發出的警世之言。他說道：「事實上，那些被我們視為本質或特性的東西，都在隨著時間的推移而發生著變化。」

綜上所述，我深信本書具有充分的翻譯價值，故特此推薦。

二〇二四年十一月二十一日

譯按：本文為本書翻譯出版時，申請相關出版補助時所提出推薦書之中譯本。在保留小島教授原意之下，適當改寫為推薦序。

中譯本代序

甚麼是「僑」及其當代關聯

陳弱水

陳健民先生翻譯斯波義信教授《華僑》一書即將出版，我曾在臉書上發表有關「僑」觀念的短文，一八四一出版社認為該文會對本書的讀者有幫助，希望轉載於書中，或由我另外寫序。我閱讀書稿，感覺比較好的處理方式，可能是修訂原來的文章，加上些許呼應斯波教授書的內容，至於題目，只添加副題。這就是本文的緣起。

「僑」是特殊的字。它廣泛使用於中文和華語，但可能是世界上獨一無二的存在。在描述的層面，「僑」是指從A地遷居到B地或這樣的人。但「僑」有更強的意涵，它往往指從A地遷到B地，從A國遷到B國，但認同仍在A地與A國，「僑」

和他們的後代本質上是A人，B地與B國只有工具性的意義。就近現代而言，「僑」的現象——認同在祖鄉而不在生存所託的社群和國家，在臺灣和東南亞都很明顯——雖然未必有「僑」的名義，往往也是這些地方緊張與分裂的重要來源。

可能大多數讀者不曾意識到「僑」這個字和觀念的獨特性，這裡要多做點說明。「僑」的特殊性反映在它是不可翻譯的。在我所知的世界主要語言，都沒有這樣的概念。如果我們把「僑」輸入翻譯軟體，英文是 Overseas Chinese，法文是 Chinois d'outre-mer，德文為 Auslandschinesen，日文則出現「華僑」。簡單說，「僑」就是海外華人，「僑」和「華僑」沒有差別，這個字沒有獨立的意義，在其他語言無法（或極難）找到對應。有時為了方便，我們會說類似「美僑」、「僑居在臺灣的比利時人」的話，但這裡的「僑」只代表移居外國，跟英文的 expatriate 一樣，並不意含移居者與母國的聯繫，也難以適用到移居者的後代。事實上，作為動詞，expatriate 有疏離母國或從該處放逐的意味。

這種獨特，幾乎毫無普遍意義的詞語是很罕見的，我可以舉個例子來做對照。漢人文化中的「孝」是特別的觀念，與其他文化中有關親子的情感和想法相當不同，但即使如此，一般不會把「孝」當作無法翻譯的詞語。「孝」的英文表述是filial piety，這雖然是為漢人式對待父母之道量身打造的，至少可以讓異文化人士據以想像一種特殊的親子觀。「僑」就更像文化地圖中的孤島。

「僑」這個字和觀念是怎麼來的？先談字。「僑」原來根本沒有遷居的意思。東漢《說文解字》說：「僑，高也。」「僑」的意思是「高」，從「喬」演化而來，加上人字邊，讀音不變。從古文字資料看來，「僑」字大概戰國才出現。在傳世的先秦文獻，「僑」主要用於人名，鄭國子產的名就是「僑」，《左傳》中還有舟之僑、叔孫僑如等，這些原本應該是「喬」，「僑」是後世的隸定（即回溯性地將某字改寫為另一形體）。「僑」是「高」，「僑如」是「高高的樣子」，顯然在古代被認為很適合當作名字。「僑」有遷居或遷居之人的意思，現存文獻中，最早的紀錄在戰國末的《韓非子》，但接下來要到三國（公元三世紀）才看得到，並不是常用字。「僑」為甚麼會冒出「遷居」的意思？來源明顯是《詩經．小雅．伐木》：「伐木丁丁，鳥鳴嚶嚶，出自幽谷，遷于喬木。」一個神聖文本中文學性的描寫，讓高喬木的「喬／僑」和遷徙發生了關聯。換句話說，作為遷居意義的「僑」，不是來自自然的語言，不是人講出來的，而是高層士人挪用《詩經》中的表達的結果，應該是先出現在書面語，再流傳到口語。

遷徙意義的「僑」本來只是客觀描述，可見於今天仍在使用的「喬遷」。「僑」進一步可意味雖然遷到某地，但認同或本質性的存在仍寄託於祖鄉，顯然發生在四世紀初。當時中國北方發生大動亂（八王之亂、「五胡亂華」），以洛陽為中心的政治和文化菁英到江南重新建國，史稱「東晉」。這些貴族力量（歷史學一般稱為「士族」）以「僑」來界定自己和追隨者的身分。這些北方士族擁有至高的政治社會地位，他們不改籍貫，希望永遠是祖鄉的人，以祖鄉為家族名號（如瑯琊王氏、陳郡謝氏、太原王氏）。東晉朝廷和統治者設置「僑州」、「僑郡」、「僑縣」，收納北方來的民眾，戶籍不同於本地人，而且享有免除徭役和賦稅的優待。僑郡縣雖多設於長江沿岸，但都使用北方的地名，甚至有一個南方行政區同時存在幾十個僑郡縣的情況。這個以北方「僑姓」士族為首的僑居現象，延續了兩、三百年，是後世「僑」觀念的源頭。

對於這個現象，中國中古史大家唐長孺（一九一一—一九九四）有所解釋。唐先生指出，這是新生事物，漢末大亂之後，在東南立國的孫吳已經有很多北方來的流寓人士，這時約在東晉建國前一個世紀，但並沒有類似東晉僑人的心態，他們居留一段時期後就落籍江南，成為當地人。他又說：「本來，漢代改籍是頗為常見的，那種高標郡望，不願附籍所居州郡的風氣只能出現在士族門閥形成之後。」[1] 唐先生的意思是，東晉以下的新僑居本質上是位階現象，是遷移來的人認為自己高於遷移地，要當永遠的旅人，把自己和子孫定位於祖鄉。在漢末、三國之際，貴族階層尚未穩定形成，北方高層士人的優越地位還在浮動中，但西晉以後，主要由於九品官人法的作用，士族世襲化，成為貴族（aristocracy）的形態，這是東晉統治者強烈高階感的來源。

歸結而言，大概在漢末，中國開始使用「僑」來指稱遷居，原來遷居並沒有特殊的文化意義，遷居者都以落籍為歸宿，但在東晉初，以貴族為領導者的移民遷到南方，出於優越的心態，他們把「僑」的身分制度化，將自己定位為在南方的非南方人。我們從「僑」現象的起源認識到，這個觀念並不是簡單的懷鄉念祖，而是與遷居者的自我意識關係密切——他們是高階的，他們所在的地方沒有認同的價值。

近現代又是各種「僑」現象大爆發的時代，例如東南亞和美國的華僑、臺灣的

1 唐長孺著：〈東漢末期的大姓名士〉，《魏晉南北朝史論拾遺》（北京：中華書局，1983），頁 51-52。

「外省人」，與中國中古早期南方相比，近現代「僑」意識的背後增加了族群優越感、天朝觀念和中華民族主義等因素。近現代的「僑」現象當然不能說是「僑」這個字所帶來的，關鍵應該是在上述的高位意識與民族主義執念，但「僑」的意識為遷居者的這種心態提供了定型和延續的工具，也方便了原居國的擴張。「僑」具有迷惑性，很容易讓人覺得它不過是移民（immigrant）或遷居外國者（expatriate）的中文用語，它遠不止此！它是獨特的。

現在轉到斯波教授的書。這是一本通論性著作，敘述和討論十二至十三世紀（約當中國宋元之際）以後中國東南人士移居海外的歷史，以十七世紀後為主。書名「華僑」，是取這個詞語的描述意義，等同於海外華人，跟前面所談的「僑」不同。斯波教授指出，「華僑」是新名詞，起於一八八〇年代，一八九〇年代變得普遍。斯波教授的根據是政府和士大夫的文獻，我查了一下上海《申報》資料庫，發現一八七〇年代就有使用，但要到二十世紀初才常見，看來民間流行更晚。總之，這是很晚才出現的說法，但很快成為重要概念，除了反映中國人在近代大量出國，也和晚清政府重視這個問題以及移民現象議題化有關。

斯波教授也指出，「華僑」一詞可有與母國聯繫的涵義，不僅是一般移民而已。他把近代東南亞華人分為三類：「華工型」、「華商型」和「（愛國）華僑型」，這個分類就透露出「僑」觀念的特殊性了。斯波教授說，三類之中，「華商」是主體，「華工」和「華僑」都屬邊緣。整體而言，海外華人現象有其複雜性，華人／華僑的屬性在不同地域或國家有差異，最主要的因素是移居地的狀況，由於移居地往往是殖民地，殖民者的政策也有影響。此外，中國本身的情勢和作為也相當重要。關於海外華人，不但「華僑」一詞出現晚，「僑」的性格也是十九世紀末才開始浮現，這與中國民族主義的興起密切相關。中國的政治勢力也有意識地塑造僑民。在成立於一九一三年春天的中華民國第一屆國會，參議院有六位華僑代表。這是世界允許海外移民參政的首例，顯示近代「僑」意識的復活帶有很大的動能。

本書是一位歷史學大家所寫的海外華人通史，涉及八百年來這些人群的複雜演變和多種面貌，很值得閱讀。這段歷史中，「僑」現象在近代的興起是重要的一環。旗幟鮮明心繫故土的「僑」雖然只占華人與華裔的少數，「僑」意識恐怕分布很廣，「華商」、「華工」中也有。華人的「僑」面向不純是歷史問題，它仍是今後東亞國際局勢中的重要變數，是必須了解和關注的。

作者介紹

誰是斯波義信？

黃進興

平時品茗，我喜歡佐以Yoku Moku（日本小蛋捲，據說為皇室喜愛的甜食）；這時內心便浮現普魯斯特（Marcel Proust，一八七一—一九二二）《追憶似水年華》起筆的一幕——男主角邊啜飲茶點，邊信手拈來「瑪德蓮」（Madeline）小甜餅；心頭霎時湧上朦朧的小確幸。

不意，斯波教授也是Yoku Moku的同好者，然而卻有過之無不及；他甚至把家裡所豢養的兩隻鳥兒，一隻叫「Yoku」，另隻叫「Moku」。日本「三一一」大地震那一年（二〇一一），東京受波及，斯波負責的「東洋文庫」，書架幾全倒塌。

處理公務完畢，八十高齡的他隨即步行了六小時趕回住家，唯恐家裡的書櫃倒下，傷及兩隻小鳥。

今年五月，個人受命前往東京，告知斯波獲獎之事。驅車前去東洋文庫，甫抵達便看到他與田中一成——另位中國戲劇研究的大家——佇立在庭院中噴煙，好像兩尊紳士石雕。後來才知曉，斯波是位煙癮不小的癮君子。

唐獎講演，他與聽眾進行問答時，一如打乒乓球般，一來一往；只是他經常在接球之後，就放到手中，仔細端詳，周延地思索，竟至忘我，令提問者頗為尷尬。返回日本之後，他復一絲不苟，逐條回函作答，正反映了他一貫嚴謹而有趣的治學態度。

斯波成名甚早，他的博士論文《宋代商業史研究》（一九六八）出版後，立即受到學界極高的評價。並受到洋學者杜希德的賞識，且由伊懋可（Mark Elvin，一九三八—）著手譯成英文，從此在西方漢學界嶄露頭角。

他有多次前往西方國家交流的機會。有回在美國見到了宋史專家劉子健（一九一九—一九九三）教授，後者告訴他日本漢學厚實有餘，但國際化不夠。從此，他便決心把日本中國學的國際化當作目標。其實斯波並非多產的學者，但作品極為精要。往往能解決重要的議題，而開創出一個領域或引領新的研究方向。彷彿二〇一七年諾貝爾文學獎得主——石黑一雄（一九五四—），雖才撰有七部長篇小說，但部部不同凡響，發人深省。

一九八六年，他竟以德文發表〈馬克斯韋伯對非歐洲社會歷史的貢獻：中國〉（Max Webers Beitrag zur Geschichte nichteuropäischer Gesellschaften: China），遂吸引了我的注意。因為湊巧，自己唸了若干韋伯的著作，在一九八五年曾疏理成一篇小文〈韋伯論中國的宗教：一個「比較研究」的典範〉，當時尚引起臺灣社會學界一場小小的論辯。要知日本漢學素來保守，學風餘略嫌不足。斯波勇於向外尋求學術奧援，遂其一己之學，卓然成家，在該時日本學界的確罕見。誠如他所自述的，引進西方的新知，無異是對該時日本拘謹的漢學學風的一種反抗。

試舉一例，以概其餘：在《中國都市史》（二〇〇二）這本名著，斯波便企圖矯正之前過度強調城市的政治與行政性格，而側重城市的商業淵源與功能性。此書志在回應韋伯對中國都市的古典觀點，乃至為明顯。被詢及他為何挑選邊陲之區的臺灣臺南作為剖析的重點之一，他妙答因那個年代中國大陸並不對外人開放，無法從事田野考察，所以做此選擇。正緣他多番至臺南地區進行實地考察，故能做鉅細靡遺的深入分析。而他對「境」的剖析，尤有所見地。

又，斯波收入「岩波文庫」的《華僑》（一九九五），雖是綜合性的論述，但仍能窺見他卓越的史識。斯波點出十六世紀以降，華人離境出外討生活，從「華僑」到「華裔」的不同類型及變化，實一針見血。

按民國初年，王國維（一八七七—一九二七）於其備受推崇的《人間詞話》曾提出「境界說」，倚之品評中國詩詞；殊不知史學作品也有「境界」高下之分。斯波在日本傳統漢學的基礎之上，嫻熟運用鉅量、多樣的中文資料，加上吸收了西方社會科學，尤其是年鑑學派的精華，遂得成就其名山採銅之作。蓋斯波以一人之力，兼治中、日、西方之學，委實難得。余英時師便讚譽他「史學境界」甚高。而詢之日本代表性的學者，均眾口一詞，倘有國際大獎，則非他莫屬！

斯波在本國事業發展的初期，頗受波折，最後方才回歸東大母校任教。之後則出任漢學研究重鎮「東洋文庫」的理事長、文庫長，因經營有方，名聞中外，為士林所推崇。又他得獎無數，胸前掛滿了勳章，二〇〇三年受邀擔任中研院史語所「傅斯年講座」，甫回國即膺選為日本學士院院士，從此得獎連連，若以天皇名義頒發的「瑞寶重光章」等等。更在二〇一七年獲頒日本最高榮譽的「文化勳章」。二〇一八年則與美國哈佛大學的宇文所安合得唐獎漢學獎，攀登榮耀的巔峰。

以一個外國人研究異文化，最終能受該文化的肯定，其欣喜可想而知。在唐獎典禮，於他哽咽致詞裡，斯波除感謝恩師早年的教導，尚致謝了許多於其問學過程裡助其成學的中外學侶，足見他非但謙遜過人，而且是個情義兼顧的學者。

他外祖父曾在北海道大學的農學部供職，到臺灣阿里山調查過林相，受此啟示，斯波遂生一心願，盼望有朝一日得乘森林火車，上阿里山觀遊古木參天的神木區。趁這次唐獎之行，他便立意偕其家人同行，八十八歲的他終得登高眺望日出的美景，圓其長久的夙願。

末了，容可一提唐獎的花絮：原來唐獎教育基金會不敢怠慢獲獎者，故三日一小宴，五日一大宴，自然不在話下。但正式宴席拘於形式，累日下來則頗難消受。於是，有晚我便自作主張，邀約斯波教授及其家人出外輕食。「夜上海」餐廳氣氛宜人，佈置雅緻，菜色清淡而有巧思。當晚復有斯波日本友人林秀薇女士穿梭其間，閒話家常，意趣橫生，故得暢懷痛飲，賓主盡歡。

編按：本文擷自中央研究院歷史語言研究所特聘研究員黃進興〈唐獎點滴——斯波義信的兩隻鳥兒〉，初刊於二〇一八年十一月，標題為編輯另撰。

導論

斯波義信的「華僑變態論」

白偉權　新紀元大學學院東南亞學系助理教授暨系主任
羅樂然　香港教育大學中國語言學系助理教授
孔德維　早稻田大學高等研究所助理教授
張彧晳　立命館大學國際關係學部國際關係學科准教授

海外華人研究長久以來有一種有趣的傾向：東北亞、東南亞、歐美三大區域的「海外華人」鮮少被放置於同一框架下敘述。嚴謹的歷史學者困於材料與語言的零散，自然不會隨便以長時間、大範圍的分析框架論事；會採取這一大範圍途徑的敘事者，往往將注意力集中於作為整體的「海外華人」、「海外華人・華僑」、「世界華人」等概念的申述，多於具體的歷史場境。一般學者如周南京就往往假定了「華人」的身分即使在世界任何地方都不可能改變，而其主因則是「洋人」始終會將生理為亞裔的「華人」永遠視為「華人」：

至於華人世界主義（Chinese Cosmopolitanism），雖然頗為新潮，但它並不代表世界大多數華人的要求和利益，而只是一部分受過西方教育的高等華人追尋的夢幻或理想境界而已。這個新觀念、思潮或流派大約產生於二十世紀八十至九十年代，其思想特徵是國籍概念的模糊、雙重化、多元化或多變化。這些華人經常自稱為「世界公民」，而宣稱自己的信仰是「華人世界主義」。他們的代表人物是哈佛大學教授李歐梵（Leo Oufan Lee，一九三九—）。他說：「邊界再也不是地理上的，而是思想上和心理上的。」新加坡華人學者陳國貴進一步總結道：「正因為華人的精神多元而且融合了不同文化及個人經驗，他的身分是隨著不同的場合和不同的現場『觀眾』而改變。情況就如站在無數鏡子面前，每一面鏡子都投射出他的不同的形象；有多少面鏡子，就能投射出多少張『臉孔』，也就有多少個身分和立場，至少在理論上這是無窮無盡的（infinity）」。我認為，思想信仰、言論自由。但不論你選擇怎樣的主義和道路，不論你如何西方化、白人化、白華化、多元化、重根化，永遠無法改變的事實是你的 Chinese、Chineseness、黃皮膚、黑頭髮、矮鼻子，洋人始終會叫你 Chinese American、Chinese Australian、Chinese Filipino 等。中國、中華、華族、華裔等等名詞將像幽靈似的永遠伴隨這些世界主義先生們和女士們，直到你們進入墳墓的那一天。實際上，改革開放的中國已經以嶄新的面貌出現在世界民族之林，而且她必將日益繁榮富強。因此，有意無意地疏遠中國、中華民族和中華文化，到頭來只能使自己的眼光變得越來越狹小，儘管有人將它美其名曰「世界主義」。[1]

1 周南京：《風雲變幻看世界—海外華人問題及其他》（香港：南島出版社，2001），頁 4-5。

汪杭、何偉、孫洪珠則從另一角度申論作為一整體的「華人」，超越了民族國家、主權國家的局限，而以世界為場域，屬於一個民族共同體；它亦同樣已為「外國」所認可：

現在，外國有人把我國大陸、臺灣、香港、澳門稱為「新中華經濟圈」，加上華僑、華人的經濟，則稱為「華人經濟聯合體」。因為這個經濟聯合體，不是區域化的經濟聯合體，而是民族性的經濟結合，所以又有人稱其為「華族經濟聯合體」。我們認為，不管有沒有這樣 一個「聯合體」，我國與世界各地華僑、華人的經濟交往與合作正日趨頻繁與緊密，這是不容否認的事實。這種交往與合作，對雙方都是有利的。[2]

不論從「他者」或根源論的角度，當世界「華人」都是「一體」的前提，隱然告訴我們這些論者相信不論國籍、文化，都把從中國遷徙到世界各地的華人或其後代，認為「首先都是中國／華人」。也正因如此，抱有中華民族主義的學者對世界

「華人」的關心，很多時候都包括了「華人」與「祖國」（包括大清國、中華民國與中華人民共和國）之間的關係，或是「海外華人」所彰顯的中華民族主義，如對「祖國」革命、改革、救災、經濟發展的貢獻等。[3]

如果說上述肯定中華民族主義的敘事，是以世界「華人」的整存與傳承為中軸，斯波義信在本書則能夠將曾被稱為「唐人」、「華民」、「華人」、「華僑」的海外華人群體的系譜與演化置於論述的中心。斯波義信有系統地梳理了「華僑」、「華裔」或「華」人等看似相近但實質有認同差異的話語，作出了明確且具指標性的解釋，並置於早期全球化場域下說明各種演化的處境。他還申明與作為政

2 汪杭、何偉、孫洪珠編著：《活躍在世界經濟舞台的明星——海外華僑、華人》（天津：天津社會科學院出版社，1994），頁 14。

3 參李慧著：《眾備政策與海外民族主義（1912-1949）》（臺北：國史館，1997）；李國樑、林金枝、蔡仁龍著：《華僑華人與中國革命和建設》（福州：福建人民出版社，1993）；洪泉湖、鍾文博：〈華僑為革命之母：華僑民族主義的發展與轉變〉，《孫學研究》，2010 年 11 月 12 日，頁 121-138。

治實體「中國」高度藕斷絲連的「華僑」，作為千年華人移民史當中的「變態」（abnormality）。[4] 二戰以後民族主義與去殖運動的風潮下，在一八八〇年代以來「僑化」（sojournisation）的全球華人卻需要在所在國與中國之間作出明確選擇——不只是政治上的選擇，也往往是文化上的選擇。在地化、華化、西化、共產主義等思潮交織下，華人對「身分」的想像，幻化出無數想法。斯波氏就留意到不少新一代「華僑」以「華裔」自居，此亦為二十一世紀初的新象。新一波因各種經濟或文化等因素而離開中華人民共和國的移居者，如定住在華裔比例較高的東南亞社會，則他們的身分追求似乎更接近「華僑型」而多於「華裔型」。這一現象值得我們可以借斯波義信的觀點思考，亦正正體認、呼應到斯波義信認為「華人」的特性恆常變動之說。

斯波義信從漢文文集探索亞洲的海上活動，介紹唐人由十七世紀始出海的流播過程的細節，配合當時的考古發現，應對漢文文集的描述的可靠性。在第二章中，斯波義信為讀者破除海禁使「中國」與海外的交流中斷的誤解，指出華南與東南亞之間的貿易在過去五百年日益興盛。東南亞各地的華人移民、商人、勞工或是通婚等普及，也側面反映著這種貿易帶來的影響。同時，海禁也帶來其他副作用。例如，朝鮮在康熙年間一直受惠於前明的海禁及後來康熙年間的遷界令，使日本購入唐貨的渠道就剩下北京—義州—漢陽—釜山—對馬—日本的路線，擁有購貨能力與傳播能力的朝鮮譯官，也是這種貿易的受惠者。由此反映的，就是海上貿易在十六世紀以來已有其必要性，當國家暴力機器以法律制止，不同持份者仍會以直接違反或尋求替代作為回應。這可以使一個群體忽然被罪名化（criminalised），也可以令一個

4 「變態」一詞指「異常狀態」（abnormality），類同於變態心理學（abnormal psychology）的使用方式，而非「華夷變態」中所述及的「演化」（transformation）或蛻變（metamorphosis）。參 Ronald P. Toby, State and Diplomacy in Early Modern Japan: Asia in the Development of the Tokugawa Bakufu (Stanford: Stanford University Press, 1984), pp.140-167；姬兒・胡莉（Jill M. Hooley）、詹姆斯・巴契（James N. Butcher）、馬太・諾克（Matthew K. Nock）、蘇珊・米尼卡（Susan Mineka）；游恒山譯：《變態心理學》[Abnormal Psychology]（臺北：五南圖書出版股份有限公司，2018）。

無關痛癢的社群無意中大為獲利。同樣地，當康熙恢復乍浦中日貿易後，華人與華商又重新成為了主導亞洲及東南亞海上貿易的關鍵，朝鮮譯官失去了重新支配海上貿易的可能性。[5]

隨後，本書也嘗試展示經濟實力如何成為華僑建立自己人際、社會與文化資本的手段，使他們通過資本主義擴張。華工的秘密結社、鄉誼、工作等自願組織的聯繫，使他們結成一股不能忽略的勢力。即使在今天，因涉及文化與民族的認同，「華僑」一詞的使用在東南亞及其他地方均有所顧忌。那種既希望保持「華人性」，但又懼怕殖民政府或在地政府因其呈現中華民族情緒而擴大矛盾的想法，使得「華僑」、「華裔」、「華人」等概念在東南亞創造了很多複雜的議題。如以華文為媒介的南洋大學創立及今天馬來西亞的華校存亡問題，甚或是東南亞華人傳統文化遺產的共同申報伙伴，都是華人時至今日仍然陷入兩難問題。至於排華、改姓或更廣義的華人宗教與教育問題，則更在全球的華人族群以不同形式呈現。事實上，斯波義信在第三章敏銳地留意到，十九世紀中葉時大清國為回應尚未設立領事館的情況，也開始用「華民」、「人民」、「商民」等詞指代當地華人，並主張他們是清朝的臣民。

「華」是指華夏、即文明的中心地帶，故除那些短期旅居海外的人，那些長期定居海外與當地人通婚的華人，在古代通常不會被稱為「華人」。在第一章所提到的海外遊記中偶爾會出現「華人」或「中國人」，指的是那些打算回國的人。為免歧義，人們通常使用「唐人」、「閩人（福建人）」、「廣人（廣東人）」等詞指代他們。這種謹慎的用詞方式，反映出中國人一種根深蒂固的觀念，即長期居住海外的人屬於個人行為，在官方的文化體系中他們並不是完全的「中華」子民。但國

5 羅樂然：〈燕行使團擔任文化媒介的朝鮮譯官——以金慶門為研究中心〉，《漢學研究》，第33期，第3卷，2015年9月，頁345至378；馮佐哲：〈乍浦港與清代中日貿易和文化交流〉，《明清論叢》（北京：紫禁城出版，2001），第二輯，頁245-263。

際條約的簽署和民族國家的形成徹底改變了這種狀況，促使大清國或以後的中華民國、中華人民共和國自認為對域外「華民」有其權責的「變態」。斯波義信認為這一改變要追溯到一八四二年英、清之間的《南京條約》。條約的簽署是基於國際法的原則，而國際法的基本前提就是擁有明確的主權、人民、領土的「國家」概念。在一八四四年英國宣佈將海峽殖民地出生的所有居民、包括華人在內，都視為享受英國保護的臣民。由於當時大清國為應對這種情況，也開始用「華民」、「人民」、「商民」等詞指代當地居住的華人，嘗試設立領事館，並主張海外「華民」也是清朝的臣民。

（第三章）斯波義信敏銳地留意到「華民」的應用與大清國國籍法的確立相關。但作為移民史中「變態」的「華民」、「華僑」所出現的年代卻有諸說。王冠華指一八五八年英法軍隊佔領廣州城後，廣東政府就在一八五九年貼出「毋庸禁阻（外出承工者），令其任便與外人立約出洋」的告示。一八六一年，大清國更向英法兩國於《北京條約》中同意他們在華招工，復於一八六六年《中英法續訂招工章程條約》（下稱《北京章程》）具體訂出「華工」、「華民」出洋承工的細則，包括合同年限、工時、工資待遇以及回國路費等。[6]《北京章程》就用到「華民」、「華工」等詞，而無「華人」、「華僑」。[7]閱讀明清帝國的《實錄》，「華民」一詞在明、清兩國實錄均屬鮮見。終明之世不過九條，當中兩條與傳教士龍華民（Nicolò Longobardo）相關，一條為前句尾字與後句首字偶然組「華民」；其餘六條則皆與在外務中論及國民相關。[8]《清實錄》則有六十條，乾隆朝有一條前後句偶然組成，以後則從一八三九年開始，同樣在涉外事務當中提及國民時應用，絕大部分出現於

6 王冠華：〈晚清海外移民與官方對策調整：以古巴、秘魯華工為例〉，《二十一世紀》，卷 44，1997 年 12 月，頁 47-57。

7 《中英法續訂招工章程條約》（同治 5 年 1 月 19 日；1866 年 3 月 5 日），910000012 號，國立故宮博物院。

8 中央研究院歷史語言研究所校勘：《明世宗實錄》（臺北：中央研究院歷史語言研究所，1966），卷 262，嘉靖 21 年閏 5 月 19 日，頁 5208-5209；中央研究院歷史語言研究所校勘：《明神宗實錄》（臺北：中央研究院歷史語言研究所，1966），卷 55，萬曆 4 年 10 月 24 日，頁 1280、卷 71，萬曆 6 年 1 月 15 日，頁 1523-1524、卷 404，萬曆 32 年 12 月 5 日，頁 7544、卷 413，萬曆 33 年 9 月 21 日，頁 7746-7747；中央研究院歷史語言研究所校勘：《明熹宗實錄》（臺北：中央研究院歷史語言研究所，1966），卷 79，天啟 6 年 12 月 24 日，頁 3846-3847。

光緒一朝。[9]另一方面，一八八四年在《清實錄》首次出現「華僑」的用法，旨在於美國金山為「華僑」所建的一所關帝廟提扁額；第二次出現，則在同年指派領事官至嘉里約埠（現稱卡亞俄〔西班牙語：Callao〕，秘魯最大港口）「以衛華僑」。[10]大體來說，「華僑」的概念在大清國官僚體系中獲得政治能量，為十九世紀中葉到一八八零年代前後，與斯波義信的觀察類近。

「華僑」的普遍應用在一九五五年四月印尼召開的萬隆會議（Bandung Conference）前被各國廣為撻伐。不少〔KC5〕國家對中國（包括中華民國與中華人民共和國）與「華僑」政治連繫及支持雙重國籍，乃有顛覆本地政府之嫌。當時中華人民共和國代表周恩來遂在會議上正式聲明他代表的政府無意以「華僑」影響別國內政，隨後更與各國分別安排「華僑」選擇單一國籍、效忠居住國或遷居中國。[11]這樣的安排被中華民國的領袖批評，視「華僑為革命之母」的國民黨政府在戰後一直希望維繫與「華僑」關係，以作為其內政外交的天然資源。[12]負責的僑務委員會其後卻要面對種種理論與現實層面的艱難，也為不少被視為「華僑」、強行認定具中華民國國籍的各地公民遇到種種困局。[13]

9 《清宣宗成皇帝實錄》（北京：中華書局，1986），卷328，道光19年11月8，頁1154-2-1155-2、卷440，道光27年3月7日，頁510-2、卷440，道光27年3月10日，頁511；《清德宗景皇帝實錄》（北京：中華書局，1986），卷68，光緒4年2月30日，頁64-2、卷93，光緒5年4月16日，頁394、卷96，光緒5年6月7日，頁427-2-428-1、卷112，光緒6年4月12日，頁642-2-643-1、卷141，光緒7年12月18日，頁1014、卷159，光緒9年2月10日，頁241、卷198，光緒10年11月26日，頁819，卷207，光緒11年5月4日，頁933-1、卷212，光緒11年7月21日，頁991-1、卷224，光緒12年2月4日，頁18-2-19-1、卷227，光緒12年4月28日，頁68-2、卷228，光緒12年5月15日，頁78-1、卷234，光緒12年11月8日，頁158-2-159-1、卷234，光緒12年11月8日，頁159-1-159-2、卷236，光緒12年12月15日，頁187-1。

10 《清德宗景皇帝實錄》（北京：中華書局，1986），卷188，光緒10年6月23日，頁632-1，卷197，光緒10年11月7日，頁801-2。

11 劉正英：〈周恩來對解決華僑雙重國籍問題的貢獻〉，《中共黨史研究》，1998年，第3期，59-64；尤應參考當中轉引周恩來：〈關於華僑的雙重國籍問題〉，1956年6月4日；David Mozingo, 'The Sino-Indonesian Dual Nationality Treaty', Asian Survey, Vol.1, No.10, 1961, pp.25-31.

12 張耀秋：〈從萬隆會議談印尼與中共的關係〉，《問題與研究》，第24卷，第9期，頁72-78。

13 馬來西亞媒體人杜晉軒近年收集了大量原始紀錄及口述史料，一一整理東南亞「華人」／「華僑」在僑委會政策下的種種不公與慘劇，對這種困局有最清晰的介紹，參杜晉軒：《血統的原罪：被遺忘的白色恐怖東南亞受難者》（新北：臺灣商務印書館，2020）；亦參 Hung Tak Wai, Kwan Yuk Sing, Ching Ka Hung, 'The Challenge of "Chineseness": Taiwan's Identity Policy for Hua-Ch'iao and Malaysia Chinese from 1990s to 2000s', Translocal Chinese: East Asian Perspectives, Vol.18 (2024), pp.6-30。

作為漫長遷移史中的「變態」，「華僑」概念的成形與百年之間的快速殞落，在斯波義信的長時間描寫中得以充分開展，這是以十八、十九世紀為原點或以單一地域、族群歷史為限的近人著述所難以呈現的觀點。與本書姊妹譯作、東亞人類學先鋒施堅雅（G. William Skinner）的鉅著《泰地華人》（Chinese Society in Thailand: An Analytical History）並讀，我們可以體認到在民族主義大肆流行的十八、十九世紀，「華僑」、「華人」等概念的發明，如何衝擊世界各地華人移民社會。

二〇一八年榮獲唐獎漢學獎的斯波義信，在中國中古市及都市城堪稱一代宗師；但本書日文版付梓多年，卻久未為華文世界讀者翻譯，誠學界與讀者之憾。本書譯者陳健成前輩師從受教於斯波先生的小島毅教授，可說為斯波義信的再傳弟子；在翻譯過程中與我們就不同細節一一推敲，以期為盡力準確地為讀者帶來斯波義信的觀點，以盼為世界各地廣大的華人社群思考「我」、「他」身分認同的助力。一八四一出版社安排本書列於「新南洋史」系列，想亦深切體會到各地讀者對「南洋」的「同化」、「吸納」、「多元」、「身分」議題中，本書鉅大的參考價值。

序章

現代華僑事情

圖一　在首屆世界華商大會演講的李光耀（新加坡）。

亞洲四小龍

現在[1]「亞洲．西太平洋時代」一詞，已成為相當有現實性的共識。回想起來，二戰後復興的日本，經濟能夠持續增長，就是完全出乎意料之事。此外，近年來韓國、臺灣、香港、新加坡等所謂亞洲四小龍，也展現出同樣的經濟增長。在東盟（東南亞國家聯盟）各國的外資中，四小龍的投資占了三成，而自一九七九年起陸續開放的中國沿海經濟特區和經濟開放區，也吸引了大量資金。香港五百萬市民的人均所得，已超越英國本土，而臺灣的外匯儲備也位居世界前列。

在這種（誇張地說）足以影響全球的劇變中，華僑的潛力，包括經濟、文化和政治上的潛力，都重新受到重視，這也是不爭的事實。目前全球華僑的實際人數約

1　譯按：本書出版的一九九五年。

為二千五百萬人，其中東南亞約二千一百萬人、美國約一百萬人、加拿大約四十五萬人、南美約三十萬人、歐洲約四十萬人、澳洲約三十萬人。在華僑總數的八成五居住的東南亞，其經濟活動的樞紐是香港和新加坡。

一九六三年馬來西亞聯邦成立時，新加坡曾一度以一州的身分加入，但在六五年獨立。新加坡人口的組成包括七成五的華人、一成五的馬來人、百分之七的印度人等，是一個以多元文化、多民族、多語言共存為國策的獨特國家。雖然獨立至今只有三十年左右，但新加坡已迅速工業化，並以自由市場體制、自由選舉為其發展方向，透過在海空交通、公共住宅、教育、安全、福利等方面的有效政策，造就了今日的成功。誠然，新加坡華人占絕大多數，中華文化也深深滲透其中，使其在文化共享方面有著特殊地位，但新加坡的第一官方語言是英語，第二官方語言是華語，就顯示出新加坡在盡量淡化中國色彩的同時，更重視文化融合。

一九九一年，首屆世界華商大會在新加坡舉行，來自全球三十個國家、七十多個城市的代表齊聚一堂，這本身就說明了新加坡的地位。新加坡總理李光耀在開幕式上的致詞，毫不掩飾地表達了四小龍對「亞洲．西太平洋」新形勢的看法，尤其是在中國未來發展方面。他說：

「在當今國際化、訊息化、相互依存的時代，適應社會文化至關重要。無論是在中國大陸，還是在臺灣、香港、新加坡，都在各自發生著變化。但從二戰後的發展來看，後者以及新興工業化經濟體（NIES）國家之所以能在工業化方面取得成就，是因它們的體制是開放的，並且以自由市場、自由企業、自由貿易為其發展方向。在中國大陸以外，即臺灣、香港、新加坡、東盟國家、美國、歐洲等地的華人，在經濟和社會的發展中，培養出許多經濟界、專業領域、學術界以及政治界的領袖，並取得成功。儘管美國華僑只占美國人口極少數，但當中卻不斷湧現出諾貝爾獎得主、大學校長、企業家、世界級建築師等。無論在美國，還是在東南亞，大多數成功的華僑都是白手起家，而非一開始就是知識分子或官僚出身。至於在臺灣、香港、新加坡等地的華人取得的成功，則說明他們在適應時代變化的同時，也沒有忘記中華文化的核心價值觀，即節儉、勤勞、互助，並通過彼此共享這些價值觀，增進了彼此之間的親密感和內外信賴。

那麼中國大陸的情況如何呢？自四九年以來，中央政府所實施的嚴格計畫經濟，已經使勤勞這一價值觀逐漸退化。自七九年開始，中國大陸在保留中央控制的同時，也開始逐步走向自由市場體制。正如俄羅斯和東歐的情況，要避免混亂和動盪，推進這一進程的唯一途徑，就是循序漸進。香港的模式正在向廣東省擴散，臺灣的模式正在向福建省擴散。中國考察團頻繁訪問新加坡，考察城市綠化、旅遊業、公共住宅、樞紐機場和海港設施等方面的建設經驗。如果中國今後繼續推進開放，放鬆管制，那麼吸收外來經驗就至關重要。目前，中國已派出七萬名公費留學生和十四萬名自費留學生到海外留學。與外界聯繫越多，人們的思想觀念和行為方式就會發生越大的變化。」

二十世紀上半葉的華僑形象，一言以蔽之，就是愛國者。從辛亥革命（一九一一年）到五四運動（一九一九年）的中國，除了掃除積弊，民族主義的呼聲也越來越高。之前華僑在海外的身分一直比較模糊，而從清末一九〇九年開始實施的血統主義國籍法（父母是中國人，子女自動獲得中國國籍），迫使他們必須確定自己的身分。一方面，他們開始直接感受到中國大陸政權興衰的影響（中國陰影）；另一方面，他們也面臨著僑居國公民權限制政策，即排華政策的嚴峻挑戰。

五〇年代以後的後殖民地時期，以一九七九年為界，可分為兩個階段。在前期，東南亞各國紛紛擺脫殖民統治，開始進行國家建設。隨著經濟民族主義的興起，除了公民權問題之外，「同化還是異化」的選擇，比二十世紀上半葉更嚴峻。其母國中國同樣以國籍法來要求華僑的忠誠，但這母國中國此時卻處於分為大陸和臺灣的分裂狀態，而且這種混亂局面持續了一段很長時間。而自一九七九年中國大陸提出經濟自由化和當地合作的政策後，華僑的處境發生了翻天覆地的變化。

這裡需要指出的是，現在代表華僑思想、態度和觀念的，是像李光耀這樣的新生代，也就是漢語中所說的「華裔」。對於華裔，我不用三世或四世這樣的詞彙。由於日本自明治初年開始實施國家政策，大批官約移民前往夏威夷等地，所以三世、四世這樣的詞彙對日本人來說可能比較容易理解。但華僑歷史的根源，要古老得多。

新世代華僑「華裔」

我曾經教過一位二十多歲的學生H君。他的祖先是幾代前從廣東移民到新加坡的「華裔」。他的英、中、日語都非常流利，用英語寫的報告結構清晰、見解深刻，視野開闊、思維靈活，我們經常聊天。我了解到新加坡華人很多，於是問他，你怎麼看待自己的「華人性」（對中華文化的認同）？H君毫不猶豫地回答說，他是新加坡人。他說，他在新加坡接受義務教育、服過兵役，現在來這裡留學。不過，他也說在他的內心深處，始終縈繞著中國。他告訴我，他已經在日本一家大型證券公司的國際研究中心找到了工作，將來要回新加坡工作。

香港大學校長[2]王賡武先生，是著名的華僑研究專家。他出生於泗水，曾在馬來亞、新加坡、倫敦求學，是馬來亞大學歷史系第一位馬來西亞籍教授，後任澳洲國立大學亞太研究院院長，之後轉任現職。他長期從事中國與東南亞關係史、唐代史、華僑問題研究。「華僑的實質並非單一，無法用一句話概括，其歷史亦非一成不變的」，這是王先生的一貫主張。他認為僑居地的華僑人口比例（占總人口的百分之三以下，百分之十以下，還是百分之三十以上）、籍貫、教育程度（當地學校、教會學校，還是歐美留學）、以及對中國的政治立場等，都會影響華僑的狀況。而且歐美和澳洲的華僑與東南亞的華僑不能相提並論；即使在東南亞，也應該按地區區分。

2 譯按：原文作副校長，今正之。

在其近著（一九九一年）中，王先生從歷史發展的角度，提出了「華商型」、「華工型」、「華僑型」、「華裔型」四類華僑，而按出現時序排列。華商型是最古老的主流類型，其他類型的成功者最終也會加入其中，使其隊伍不斷壯大。華工型是十八至十九世紀的勞工移民，也是當今全球華僑分布的主要根源。華僑型是二十世紀上半葉與中國民族主義相關聯的愛國者類型。華裔型可以用王先生本人或李光耀的形象來理解。

華裔的興起，可以追溯到十九世紀後半葉，當時荷蘭和英國開始將其統治下的華人納入各自的國籍，但在很大程度上，華裔是最近才出現的，主要是指在國外出生（一部分在中國、臺灣、香港出生）、擁有外國公民權的華人後裔。他們與很早以前就移民並逐漸融入當地社會的「僑生」明顯不同。華裔為了對抗歧視，或為了子女的教育，會遷移到第二個、第三個居住地。他們中的大多數人並無放棄「華人性」，但也有一些人放棄了。值得注意的是，他們中大多數人從事要求高學歷的職業，而且是非常國際化的人。醫生、工程師、科學家、經濟學家、律師、會計師、教育工作者、公務員、公司主管等，在他們中占很大比例。由於他們大多屬於中產階級，教育程度高，故他們行動靈活，只要沒有歧視，他們就可以在任何地方定居。從香港到歐洲、加拿大多倫多、溫哥華，從馬來西亞到澳洲的人流，就是最好的證明。

舉個例子。在澳洲悉尼，一九八〇年代初有超過五萬名華僑居住，是澳洲華僑最多的城市。一九七四年，他們成立了澳華公會（ACCA），作為一個互助福利機構，並在靠近中央車站的禧市（Haymarket）建了一棟漂亮的房子。澳洲在一八八八年開始實施白澳政策的移民限制法，旨在徹底排斥亞裔移民，該法案一直持續到一九五八年。六六年，自由黨領袖霍伊特（Harold Holt）執政後，將亞洲政策列為國家重點發展方向。七三年，工黨執政後，澳洲與中華人民共和國建立了外交關係。之前由於白澳政策，華人移民幾乎為零，從一九〇一年的約三萬三千人左右，一直減少到很少，只有通過（同族）通婚產生的華人，才能避免被白人社會完全同化。

隨著形勢好轉，到一九七〇年左右，華人總數達到十萬人，現在已經達到三十萬人，而現在的主流是華裔。

一九七三年，澳洲政府制定了一項計畫，目標是在二〇〇〇年建立一個多民族融合的國家。為此，澳洲進行了人口普查，並成立了「澳洲華僑問題調查相關華僑意見提供委員會」，聽取華僑代表的意見。悉尼的華僑在委員會完成任務後，將其改組為自治團體籌備委員會，制定了章程、選出了會長和理事，並於七四年七月召開了澳華公會第一次大會。最初的會員有一百八十人，到八四年增加到二千多人，其中九成來自悉尼市區。成立之初的委員包括保險業、律師、工程師、商人、社會工作者、經濟學家、文學家、餐館老闆、醫生、家庭主婦等，都是當代華裔的精英。我一九九三年訪問澳華公會時，會長是一位馬來西亞出生的華裔。

澳華公會的活動包括：向移民局附屬的服務機構派駐代表，會長代表華僑參加政府的種族社會協商會議、行政委員會和社會服務局；通過大眾媒體傳播政府發起的移民教育、華僑事務、法律諮詢、政府補助金等方面的新聞；自己籌辦圖書館、養老院，推動慈善救濟事業；支持政府的「澳洲傳統文化計畫」，宣傳華人移民的貢獻，努力消除歧視等。

書寫「個人史」的華商

在過去的美國，典型的華僑形象是洗衣店老闆，或相當於現在便利店的雜貨店老闆。當然，現在仍然有一些落魄者、孤獨老人，以及「堂會」等秘密結社的成員，在唐人街也有一些不符合政府水電、居住條件標準的狹窄住宅。但過去人們總是以唐人街的少數民族來看待華人，而現在，距離最初的移民潮已經過去了一個半世紀，華裔中也出現了許多成功人士。從李政道等兩位諾貝爾物理學獎獲得者，到銀行行長、加州大學伯克利分校校長、著名大學教授、企業家等，華裔力量的崛起令人矚目。他們中的許多人，都珍視著心中的中華文化。在他們中間，有一些人開始以當代人的眼光，客觀地書寫在美華僑的「個人史」。

陳依範是其中一位。他的祖父是從孫中山的故鄉廣東中山縣，以契約勞工身分移民到南美洲千里達的華僑。其父陳友仁曾任孫中山廣東軍政府外交部長，伯父陳丕士[3]為香港著名律師。陳依範先生在英國留學，後畢業於千里達聖瑪麗學院並後在莫斯科藝術學院學習美術和印刷。之後他成為了一名記者，在英國工作。一九四九年中華人民共和國成立後，他在北京參與了《人民中國》和《北京周報》的編輯工作。七一年，他移居美國，先後在哈佛、耶魯、普林斯頓大學講學，七八年定居舊金山，並撰寫了《美國的華人》，即在美華僑的歷史。

在我們的印象中，淘金熱前後移民到南北美洲的華僑，除了少數幸運兒外，大多數就像奴隸一樣，在礦山或種植園裡辛勤勞作，就像湯姆叔叔一樣。後來，他們又被雇傭去修建橫貫大陸的鐵路，但等待他們的，卻是日益加劇的排華潮。然而，在歐洲和蘇聯留學，並且是新中國記者的陳依範，在著作中卻以冷靜、客觀的筆觸，以歷史學家的眼光，將在美華僑的歷史分為三個階段：第一階段（一七八五至一八八二年）是早期的發展階段，第二階段（一八八二至一九四三年）是排華時期，第三階段（一九四三至一九八〇年）是融入美國社會的階段。他說：「大多數在美移民都沒有自己的歷史。」陳依範先生所寫的在美華僑的歷史，標誌著真正「個人史」的出現，其敘述的客觀性，以及將華僑史定位為美國史不可或缺的一部分，都向我們展示了「華裔」那一代人的思想。

繼一九七六年出版的《女勇士》（日譯本作《唐人街的女勇士》）獲得好評後，女性非虛構類作家湯亭亭[4]又出版了《中國佬》（日譯本作《美國的中國人》）。她

3 編按：陳丕士為陳友仁大兒子，故此跟陳依範應該是兄弟關係。
4 譯注：又作湯婷婷。

是一位在夏威夷從事創作的華裔作家。《女勇士》是她的自傳，也是一本暢銷書。她生於一個在美華僑家庭。在書中，她以父母、叔叔、朋友的回憶為線索，描寫了排華時代華僑的悲慘生活。後來日本侵華，中國成為美國的盟友，戰後大陸和臺灣又陷入分裂。她在美國的學校度過了敏感的青春期，畢業於著名大學，最終選擇了作家的道路，並深入探討了美國出生的華裔的身分認同。《中國佬》講述了她的祖先移民到美國，分散到各地，與其他有著相似命運的華人一起，經歷了艱苦奮鬥，最終在各自的道路上紮根成為美國公民的過程。中國佬一詞略帶貶義，用來稱呼華人。

湯亭亭的故鄉與孫中山和陳依範一樣，是廣東中山縣，家裡是農民。其父是家中四子，瘦身小手，不適合務農。但他很聰明，通過了三級科舉考試的第一級，成為了村裡的私塾先生。其曾祖父和祖父是在淘金熱時被吸引來美的，家裡有一些金塊和進口首飾。其曾祖父是從夏威夷來招募甘蔗種植園的工人，與同鄉人簽訂了加入（譯按：夏威夷王國）王家夏威夷農業協會的契約，移民到夏威夷。其祖父則被雇去修建中央．太平洋鐵路這項非常艱苦的工作，而於一八六三年來美。在砍伐巨木、在巖石上放置炸藥、修建路基和隧道的工作上，華人表現出比威爾士人、愛爾蘭人、印第安人和黑人團隊更出色的技能，但因排華潮的興起，隨著工程的完工，為了躲避迫害，華人像蜘蛛的孩子一樣四散逃亡。其祖父逃到了舊金山，但在一九〇六年的大地震和大火中失去了公民身分證明，淪為流浪漢。回國的船費落在家鄉長子的肩上。

一九二四年，包括其父在內的許多人，湊了三千元，離開了生活和治安都很糟糕的家鄉。據說他們是從古巴偷渡到紐約的，也有人說他們在舊金山被當局拘留了一段時間，通過了語言測試後才獲准入境。她的伯父則搬到了阿拉斯加和芝加哥。其父在紐約找到了同伴，開了一家洗衣店，生意越做越好。後來，他把留在廣東的妻子接了過來，並自立門戶，搬到了舊金山。在故事的間隙，穿插著一八六八年到一九七八年美國排斥華人移民的政策，以及這些政策逐漸放鬆的過程，生動地展現了華人在美國所面臨的深刻矛盾。

華人性

寫「個人史」的不止陳依範和湯亭亭。在澳洲、印尼、馬來西亞，由華裔撰寫的「個人史」也越來越多，已經成為一種新的研究對象。文化變遷問題，不再僅僅是官方政策層面的話題，而是以當事人的聲音和對未來的建議的形式出現。這也反映了華裔在融入當地社會並發生變化的過程中的一個側面。

那H君所說的「心中縈繞的中國」，換言之、就是「華人性」的命運又將如何呢？對於這種根植於文化和社會深層的問題，我們應該避免草率的判斷和簡單的結論。一方面，有一句俗語說，「一朝是華人，終身是華人」。這原本是用來形容猶太人的，現在被用來形容華人。從身邊的例子來看，華僑非常重視同族、同鄉、同業的紐帶，以及通過這些紐帶建立的網絡，並將其作為活動的基礎。這一點也引起了遊客的注意。

在組織這些群體的原則中，血緣關係本身以及支撐血緣關係的祖先崇拜，在中國有著悠久的歷史和深厚的根基。中華人民共和國大力批判儒家思想時，也限制了作為其基礎的祖先崇拜儀式和習俗，但並未徹底根除。同鄉和同業的紐帶，包括秘密結社在內，被稱為「幫」，其起源也很古老。隨著社會活動的多樣化、廣域化和競爭性的加劇，這種紐帶也得到了加強。由於華人的殖民活動從華北擴展到華中、華南，並跨越海洋到達海外，而且在移民地他們是少數民族，必須自衛，故中國式的群體原則得到了充分的延續。

正如人們常說的「藤蔓式」一樣，如果一個人移民到海外並取得成功，那麼他的同族、同鄉就會被吸引過來，同族的祠堂就會設立分堂，族譜就會編纂，以方言為基礎的地域互助組織（公所、會館）就會誕生。人們會閱讀家鄉寄來的訊息刊物《鄉報》，如果有機會就會回鄉探親。即使是類似於商會的總商會，其內部也往往是以同鄉、同業為基礎的組織。故根植於中國社會基層的原則和組織不會輕易改變。

但這並不意味著它們是堅不可摧、永恆不變的。正如我後面將要提到的，在華人人口同樣達到四百萬左右的泰國和印尼，同化程度卻截然不同，前者同化速度快，後者同化速度慢。其標誌，就是是否保留中國姓氏，也就是是否繼續編纂族譜。

泰國華人在移民三、四代後，就會改用泰國姓氏，而在印尼，華人卻會持續十四、五代編纂族譜，而且不放棄中國姓氏。主因是在泰國，華人有機會出人頭地，進入泰國上層社會，而且旅行自由，宗教信仰也比較接近。而在印尼，由於荷蘭實施分而治之的政策，華僑被置於白人統治者和爪哇農民之間，旅行也受到限制。在二十世紀以前，華人女性很少移民，故與本地人通婚現象普遍，很難維持中國式的家庭。通過母親融入當地社會是普遍現象，但像印尼那樣長期處於半同化狀態，還是像泰國那樣加速同化，很大程度上取決於接受方的體制。王賡武先生之所以強調多視角、多層次的觀察，並指出華僑的狀況並非單一，就是因他了解這些差異。

華僑史的展望

正如王賡武先生所說，「華僑」一詞是十九世紀末由於國際條約的簽訂，為了保護本國僑民而產生的。本來「僑」這字多用作形容詞，意指「旅居」。後來人們將四字詞「僑居華民」，縮成「華僑」，並作為名詞使用。隨著民族主義興起、國籍法的制訂，以及國共的分裂，「華僑」一詞開始帶有愛國者和政治立場的含義。而自一九七〇年代以來，中國大陸開始對華僑融入當地社會，採取了更靈活的態度，「華人」一詞，也開始流行起來。

在「華僑」一詞出現之前，歷史上最常用的一詞是「唐人」，湯亭亭的《中國佬》一書中，也使用了「唐人」一詞。由於唐朝在海陸兩方面，都享有盛名，故就像在日本的華人一樣，海外華人也被稱為「唐人」。在本書中，無論是早期的情況，還是現代的華人，我們都將使用「華僑」一詞，來指代海外華人。

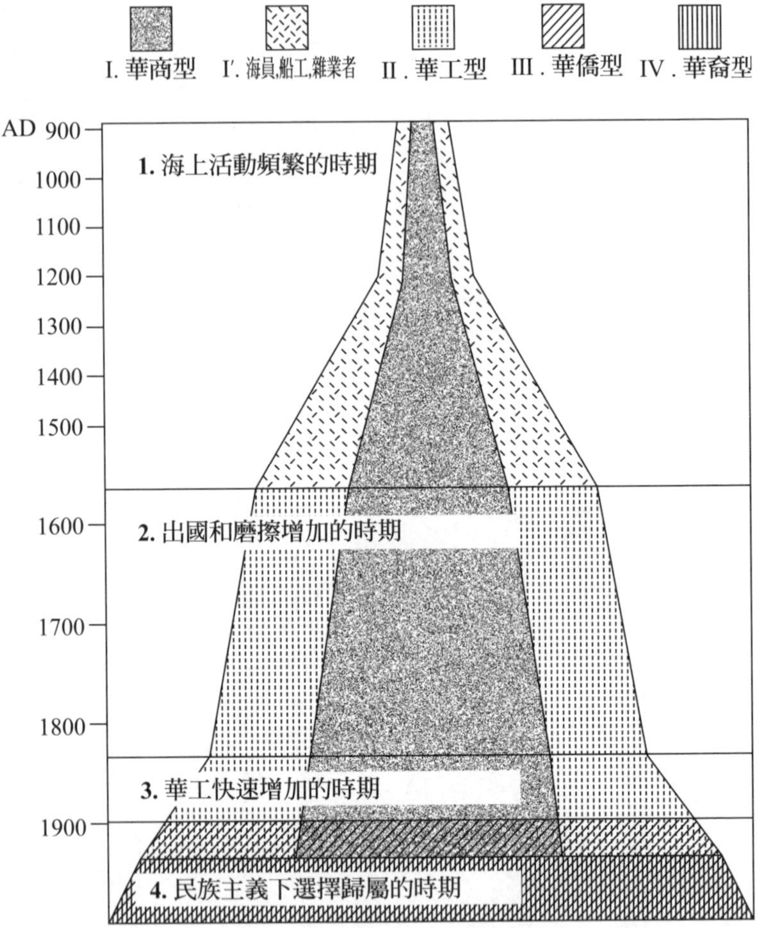
I. 華商型
I'. 海員,船工,雜業者
II. 華工型
III. 華僑型
IV. 華裔型
AD 900
1000
1100
1200
1300
1400
1500
1600
1700
1800
1900
1. 海上活動頻繁的時期
2. 出國和磨擦增加的時期
3. 華工快速增加的時期
4. 民族主義下選擇歸屬的時期

圖二 華僑的類型與歷史。

一般來說，華僑的移民過程，可以分為五個階段：（一）接觸期、（二）磨擦期、（三）競爭期、（四）適應期、（五）同化期（或融合期）。按照這種劃分方法，華僑，可分為五個時期：第一期是八到十六世紀，第二期是十六到十九世紀中葉，第三期是十九世紀中葉到二十世紀中葉，第四期是二十世紀中葉到一九七九年，第五期是一九七九年以後。第一期是華人海上活動蓬勃發展的時期，也是華僑移民的接觸期。第二期是歐洲列強開始進入東南亞，當地的開發也開始加速，同時也出現了磨擦，是華僑移民的磨擦期。第三期是包括苦力貿易的大規模移民時代，交通工具也發生了變化，各地民族主義開始興起，與華僑發生了衝突。這是華僑移民的競爭期。第四期是殖民地時代結束後，新的排華現象出現，以及華僑適應、同化和共存的探索時期。第五期是中國大陸對華僑融入當地社會，採取了更靈活的態度，華僑也開始融入當地主流社會。這是華僑移民的同化期。

但要建立這個完整的華僑史框架，還面臨著一些困難。首先是中國的史料，對於商業史、民間歷史和社會史的記載，非常有限。東南亞方面的史料，也存在同樣的問題。另一個困難是過去人們在研究華僑時，往往將其作為各國歷史的附屬部分，或將其作為殖民主義和世界資本主義發展過程中的一段插曲。故關於華僑的研究，往往是零散、缺乏系統性的。新加坡大學的傅吾康（Wolfgang Franke）[5]先生是著名的華僑研究專家，收集和整理了大量的華僑碑文。他認為只有將華僑史放在中國與東南亞關係史的大背景下，才能全面展現華僑的歷史。此說極當。目前關於華僑的研究，主要集中在「華工型」和「華僑型」，而對「華商型」和「華裔型」的研究，還不夠深入。

5 譯按：傅氏曾執教於馬來亞大學，但是否為後來轉變為「新加坡大學」的新加坡校區，則姑誌待考。

第一章

昂揚的亞洲海上活動——十二至十六世紀

圖三　馬六甲最古老的華人寺廟青雲亭（建於一六四六年）。

1 冒險商人與移居者

商業海運的興起

華人的海上活動始於唐朝中期（八、九世紀），在北宋中期（十一、二世紀）取得了突破性進展，並在南宋、元、明時期（十三到十六世紀）建立了世上首個海上帝國。毋庸置疑，華僑的根源就在於這個時期發展起來的港口城市之間的航海和貿易網絡，以及訊息交流。考察以中國船隻主導的商業海運，在亞洲海域的興起，是理解唐人街和華僑發展的重要因素之一。首先，讓我們從兩個展現十二、三世紀華人海上活動的事件說起。

這是一個關於海商王元懋的故事。他生活在十二世紀末南宋福建泉州港口這城市，因家境貧寒，孩提時被送到寺廟做雜役。他天資聰穎，除了學習漢字外，還向僧侶學習了東南亞各國的語言，並憑藉出色的語言能力，成為中國商船的翻譯，前往越南中部的占婆國。占婆國王很欣賞他，任命他為王室的家庭教師，並將公主許配給他，他的積蓄和公主的嫁妝加起來達到一百萬貫。十年後，當載著他來到占婆的船完成航程，準備返航時，他辭別了占婆，回到泉州港，成為船主和貿易商，並通過婚姻關係與京城杭州的高官結為親家，成為名門望族。一一七八年，他派手下的吳大擔任船長，率領包括水手和商人在內的三十八人團隊，乘坐他的商船前往東南亞，在各地採購了沉香、珍珠、龍腦、麝香等價值近一百萬貫的貨物，並於一一八八年，也就是十年後，回到了廣東沿海（據洪邁《夷堅志》）。

另一個是十三世紀中葉一本數學書中出現的題目。題目是這樣的：有甲、乙、丙、丁四位海商，共出資總值為四十二萬四千貫銅錢（一貫等於一千文）的黃金、

圖四 十二世紀的中國船，在吳哥窟巴戎寺的壁畫出現。

白銀、食鹽、度牒（可作為一種證券），乘坐貿易船到東南亞海域，購買了五千零八十八兩沉香、一萬零四百三十包胡椒和二百一十二盒象牙。請計算出他們之間的債務關係，並按照原來的出資比例，將進口商品分配給他們，同時計算出每種商品的價格以及每人應得的商品數量。海上貿易的合資經營，竟然成為數學書的題目。

順便一提，在當時東南亞貿易中，一文中國銅錢可以購買十倍的商品。除了海商合資籌集資金外，福建和廣東的百姓也會拿出積蓄，委託海商購買外國商品。此外，這裡需要注意的是，當時一次航海的期限通常為十年。除了等待順風外，他們還要像候鳥一樣，從一個港口到另一個港口，不斷航行。商品的集散、船隻的維修、水和食物的補給，都在這些港口進行。平均載重二百至三百噸的中國船，包括水手在內，平均可容納二百人。在十年的航海過程中，有些海商會在當地娶妻生子，故第二代、第三代華僑就在當地誕生了。

那麼，要使海上企業和冒險商人持續發展，就必須具備一定的基礎條件。首先是技術革新。在中國東部海域，人們將從上海到遼東半島的北部淺海稱為「北洋」，將從上海到海南島的南部多島深海稱為「南洋」。北洋是山東人、朝鮮、東北（滿洲）、日本沿海居民活動的海域，但暗礁和複雜的海流充滿了危險。「南洋」則是中國東南沿海古代越人的後裔，以及東南亞、印度、阿拉伯海洋民族活動的海域。在船體和航海技術方面，過去一直是配備三角帆的阿拉伯帆船（椰子船）更勝一籌。

在八世紀，以巴格達為中心的東伊斯蘭帝國的商業勢力跨越印度洋，到達了中國東南沿海的港口城市，此後中國的造船和航海技術超越了他們的阿拉伯人老師，並逐漸掌握了東南亞和印度洋海域的航海和貿易主導權。遣唐使廢止後，從上海一帶直航到九州的五十噸左右的中國商船，就是「南洋」型的深海船，這也標誌著「南洋」船開始主宰北洋。北宋末年往來高麗的「南洋」帆船，官船為五百噸，商船為三百噸，當時的中國船已配備了指南針、海圖、測深儀、巨大的舵、二至三根桅杆、隔板，並用大量鐵釘將堅固的船板固定在一起。仰布製和藤製船帆之力，從上海一帶到山東或福建，只需三天左右。在元朝中期，一艘從寧波出發的船在朝鮮半島西南角遇難，船上裝載了三萬件精美的陶瓷器，以及作為壓艙物的二十八噸中國銅錢，可見其載重量之大。十五世紀初鄭和率領的遠征艦隊，七次從南京出發，航行到波斯灣和東非海域，以示威、招諭朝貢和作商業考察。其主力艦雖然是「北洋」型的平底龍骨船，但卻是五百噸、四層甲板的巨艦。

除了海運的革新外，從唐朝中期開始，中國內河和運河的船體，也根據各地水文條件有所改進，調節水位的水閘也得到了完善。長江下游三角洲成為了內地水運的中心，而作為該地區外港的寧波，則成為了連接南洋、北洋和內地水運的樞紐。

水運和海運的發展，使商品運輸成本降低、速度加快、數量增加、安全性提高，這也促進了長江下游和東南沿海地區的商業發展，並吸引了大量內地移民。以東南亞華僑最大的故鄉之一福建為例，讓我們來看看當時福建發生了情況。

圖五 十五世紀左右的中國船：寧波船（上）和南京船（下）。上面的船是典型的「南洋」船，下面的船是平底、有龍骨，並在中間配備了用於保持穩定的 leeboard（辟舵）的「北洋」船。不過，經改進的南京船也可航行到印度洋。

華僑母村的原型——福建

如今通往福建的鐵路，要從上海經過杭州，先進入江西，再翻越盛產烏龍茶的武夷山脈，才能到達福州或廈門。由於陸路交通不便，福建在過去一度被認為是大陸沿海的一個孤島，只有少數沿海航線。相比之下，（譯按：距離較遠的）廣東則更為中央所知，故福建的開發相對滯後。但唐末黃巢之亂（八七五至八八四年）時，大批來自華北的移民湧入福建定居，在兩、三個世紀裡，福建就變成了全國人口密度最高、土地最缺乏，但商業最發達的地區之一。在分裂的五代期，福建的地方政權大力發展工商業和貿易，奠定了發展的基礎。而福建地理位置優越，便於連接內陸和海外，故成為了造船和海運的中心。在沿海平原，人們投資修建了蓄水池、梯田、圍墾水田的堤壩，以及橋樑和港口，但由於平原面積有限，人口過剩和耕地不足的問題日益突出。事實上，這情況一直持續到今天。

所幸當時長江下游三角洲已成為全國糧倉，擁有超過當地人口需求的餘米，而人口稀少的廣東地區也有大量早稻盈餘，福建可從南北兩邊補給到米。江蘇和浙江各港口的米商，用船將一、二千石米運到福建或東南亞銷售，並在廣州採購由當地商人收集的米、鹽、漆等商品，然後運回福建、江蘇和浙江銷售。廣東產的米也以一千石、一萬石為單位，被運往福建、海南島、東南亞、江蘇和浙江等地。

當然，沿海平原和山區的農業集約化和技術改良在不斷推進的同時，仍然存在著局限性。故人們開始引進經濟作物，發展手工業特產，並出外謀生。原本種植粳稻的水田，被改造成種植釀酒用的糯米田，或甘蔗、瓜果（龍眼、橄欖、荔枝、柑橘）的農場和養魚池；山林中種了松樹、杉樹、榨油用的桐樹，以及楮樹、漆樹、茶樹、桑樹；田地裡種了葛和麻。當時，福建的著名特產包括砂鐵、鐵鍋、桐油、砂糖、水果、麻布、葛布、紗和錦、茶葉、陶瓷、茶具、白魚、木材、書籍、造船等。後來，華僑以「擅長種植經濟作物」、「擅長港口填海、鐵路路基等土木工程，以及森林砍伐、露天礦開採等工作」、「對高薪訊息敏感，能迅速壟斷批發和零售業」等特點而聞名，這些都是他們在十二、三世紀起積累經驗的結果。

福建在面臨資源危機的同時，消費和奢侈之風盛行，追求財富的風氣在全國範圍內也最為突出，這也預示了十六至十七世紀中國東南沿海地區的整體趨勢。在人口過剩的家庭中，人們會讓多餘的人口出外謀生，發揮自己的才能、到老衣錦還鄉，這種出人頭地的策略也逐漸在福建流行起來。從這意義上說，福建是一個典型的例子。

為擺脫困境，人們一方面加劇了向上攀升和向下沉淪的循環，另一方面也開始在各種職業間自由轉換，這就是所謂社會流動性。出人頭地的最佳途徑，是通過科舉考試獲得功名，並在官場或學術界建立人脈。南宋時福建的進士人數位居全國第一，遙遙領先；在明代，福州、泉州、興化府的進士人數也名列前茅；在清代，福州的進士人數也位居全國前十名。「次要途徑」是成為僧道以及商人，尤其是海商和水手；其他如手工業者、技術人員、演員、藝人、漁民、農業移民等，則屬第三梯隊。如果按人數計算，順序則相反。

福建是粵劇演員、街頭藝人和音樂家的重要發源地。在長崎的唐人屋敷和各地的唐人街，除了商人外，還有這些服務業人員和歌曲（稱為明清樂）的傳播。如果一個家庭有三個兒子，其中一個會繼承農業，另外兩個則會按自己的才能，學習不同的技能，然後出外謀生或考取功名。由於他們來自人口稠密、競爭激烈的環境，而且都經過艱苦的磨練，故在海外成功的機率很高。

農業、鹽業、漁業移民會遷移到人煙稀少的地區，於是開發了江蘇北部、廣東東北和南部沿海地區，福建話也隨他們傳播開來。十三世紀開始，漁民和鹽業工人移民到現在的香港，也是其中一個例子。在雷州半島的化州，九成的金融業從業者都是福建人。正如蘇東坡（一〇三六至一一〇一）所說，「唯福建一路多以海商為業」[6]，海上商人、水手、船員都是最常見的出外謀生者。宋代有二十多條關於福建

6 〈論高麗進奉狀〉。

船隻到高麗的紀錄，每次都有幾十人到一百多人到高麗，在高麗首都開城，包括政治流亡者在內，有數百名華人。一〇七二年，日僧成尋從肥前壁島到寧波，他乘坐的中國船的船長，就是福州和潮州（廣東東部）人，而當時九州博多已經出現了唐人町。

十三世紀初，南宋皇族成員趙汝适提舉泉州市舶司。他據在泉州港收集的亞洲海域貿易訊息，撰寫了《諸蕃志》這本貿易指南。書中以泉州港為起點，記載了到琉球（五至六天）、占婆（二十天）、柬埔寨、爪哇（一個月）、汶萊（從三佛齊或占婆出發，一個月）等地的航程，並詳述當地的風土人情。顯然，當時已形成定期航線網絡。如《諸蕃志》記載從泉州出發的船隻，會先在新加坡海峽的港口卸下三分之一貨物，然後再向北航行到三佛齊。這表明在航線網絡上，已經出現了作為集散中心的港口。

在當地港口停留，稱為「住冬」或「住蠻」。為應付漫長的航程，船上除了水手，還有廚師、木匠、手工業者、藝人、演員、知識人等。有些在當地娶妻生子，生下

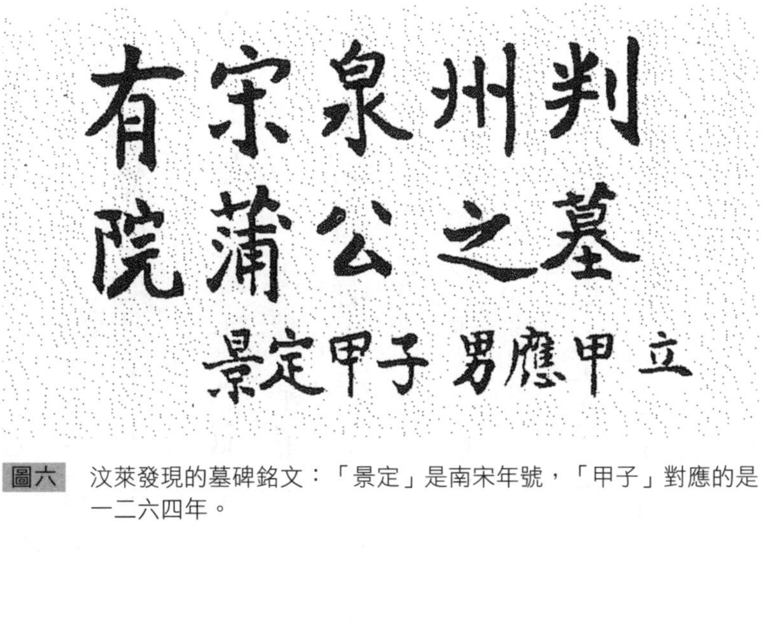

圖六　汶萊發現的墓碑銘文：「景定」是南宋年號，「甲子」對應的是一二六四年。

了「土生（二代）唐人」，就是現在華僑的根源。關於華僑在海外定居的最早確切紀錄，是汶萊發現的一位姓蒲華人的漢字墓碑銘文。在十三世紀末關於柬埔寨的風土志中，記載了一些中國水手，因為喜歡當地而住了三、四年。

福建人作為先鋒的華僑移居，並非僅限於海上。大量漢人從福建經廣東、廣西陸路進入越北。此地曾是漢武帝（前一四一至前八十七在位）時設置的交趾、九真、日南三郡，直到九三九年獨立的民族政權[7]建立前，一直是漢族的直轄殖民地，故作為地方官、商人或農民來此居住並逐漸同化的人極多。宋代東南亞通商活躍後，由於這種聯繫，福建、廣東的跨境謀生和移民激增。東京地方[8]似乎有數萬華人居民，其中包括被販賣的農民和奴婢，以及亡命的知識分子、僧尼、藝人和罪犯。在這種背景下，獨立的越南李朝（一〇一〇至一二二五）和繼承李朝的陳朝（一二二四至一四一三）的開國君主，據說都是福建裔的中國人。有一說指陳朝始祖是廣西桂林人，在其四代前移居，以漁業為生。這也可以看作是從福建到廣東、廣西，再到越北的連鎖式移民的結果。

宋代移民群體中，福建人和四川人最為著名。他們在異鄉遇到同鄉時，都會互相認同並互相幫助。基於出生地點的網絡關係由是形成。

出洋指南

華僑移居海外，過著半永久或永久生活，這與當地的長期接觸是平行的。在這過程中積累的當地資訊知識體系，發揮了重要作用。這與中世紀歐洲地中海世界商業活動的發展過程中陸續出現「商業指南」，完全相同。宋元明時期，關於亞洲海

7　譯注：吳朝（九三八－九六八）

8　譯注：約今河內一帶。

域集散港的通商資訊為主的漢文指南，主要有以下書籍：

（1）朱彧《萍洲可談》一一一九年（廣州的南海貿易情況）
（2）徐兢《宣和奉使高麗圖經》一一二四年（高麗國情、風土、物產）
（3）周去非《嶺外代答》一一七八年（廣南、南海風土和貿易）
（4）趙汝适《諸蕃志》一二二五年（泉州的南海貿易資訊）
（5）周達觀《真臘風土記》一二九七年（柬埔寨國情和貿易）
（6）汪大淵《島夷誌略》一三五一年（亞洲海域周航紀錄）
（7）鞏珍《西洋番國志》一四三四年（鄭和第七次遠航見聞）
（8）費信《星槎勝覽》一四三六年（鄭和遠航隨行紀錄）
（9）馬歡《瀛涯勝覽》一四五一年（鄭和第四、七次遠航通譯見聞）
（10）黃衷《海語》一五三六年（東南亞資訊）
（11）鄭舜功《日本一鑑》一五五七年（明末日本、倭寇資訊）

（12）張燮《東西洋考》一六一八年（亞洲海域詳報）

通常這些書被歸類為地理書，但從另一個角度來看，它們與宋元明清時期在中國國內大量出版的日用百科全書，尤其是將其製成「岩波文庫」風格的小型旅行、地理、商業指南屬同一類型。從百科全書中摘錄國內地理、物產、商業相關內容的袖珍版、如《士商要覽》，深受經常旅行的官員和工商業者喜愛。

前述書籍的作者是地方官、外交使節及其隨員，但資訊則源於海商和華僑的訪談；讀者除了官員，應該也有很多商人。從王元懋等人的例子可見，貿易商不僅精通漢文讀寫，而且具備相當的利潤計算和必要的語言知識。

指南的描述有一定的模式：前往港口城市的航程和時間、位置和國情、地勢、風土、種族、特有的衣食住行、信仰、婚姻習俗、與中華王朝有否朝貢關係、貨幣、度量衡、商業習慣以及主要的唐貨（中國物產）和土貨（當地物產）的交換情況、華僑的有無等。如《真臘風土記》（一二九七年出版）載：

「國人交易，皆婦人能之。所以唐人到彼，必先納一婦人者，兼亦利其能買賣故也。每日一墟，自卯至午即罷。……小交關則用米穀及唐貨，次則用布，若乃大交關則用金銀矣。往往土人最樸，見唐人頗加敬畏，……近亦有脫騙欺負唐人，由去人之多故也。……其地想不出金銀，以唐人金銀為第一，五色輕縑帛次之，其次如真州（江蘇儀徵）錫鑞（錫銅、錫鉛合金），溫州漆盤，泉州青瓷及水銀、銀硃、紙札、硫黃、焰硝、檀香、白芷（四川產的藥材）、麝香、麻布、黃草、布雨傘、鐵鍋、銅盤、水朱（西方來的玻璃珠）、桐油、篦箕、木梳、針。其𥀉重則如明州之席。甚欲得者則菽麥也，然（因元朝的禁令）不可將去耳。……唐人之為水手者，利其國中不著衣裳，且米糧易求、婦女易得、屋室易辦、器用易足、買賣易為，往往皆逃逸于彼。」

由此我們可見，當時唐貨從奢侈品到日用品種類繁多，而且是作為賣方。對產地明確的唐貨的需求，與現在對進口品牌商品的追求相同。通過這種接觸，消費方

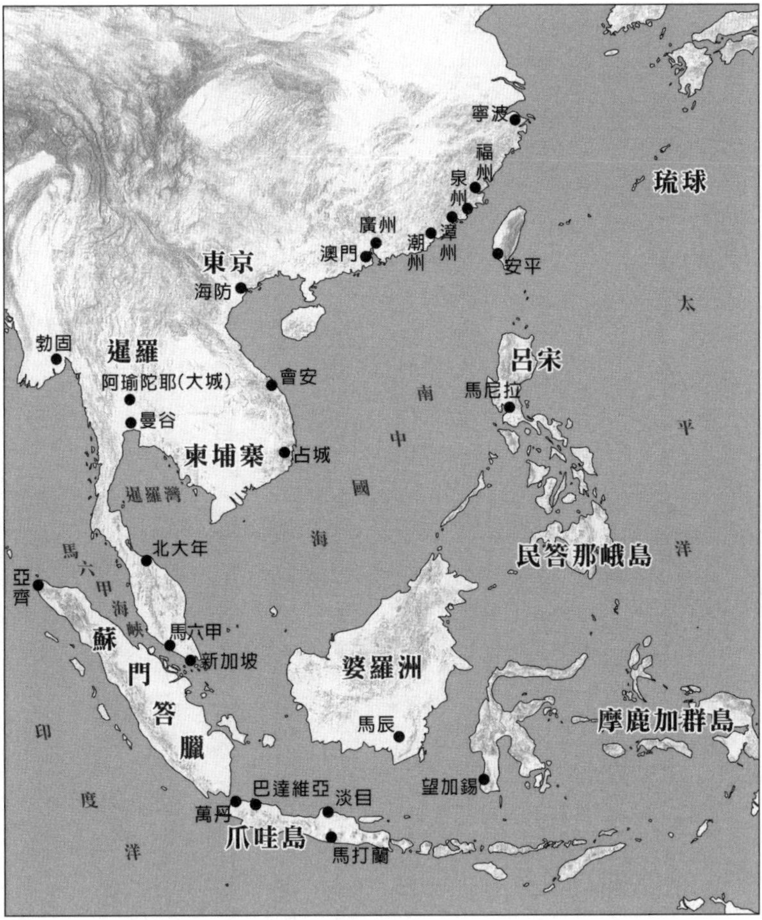

圖七 亞洲海域的集散港（白偉權繪圖）。

了解到中國國內特產地的分布，並選定其產地和種類。

女性作為同伴兼經紀人的角色，不僅在柬埔寨，在暹羅（一九三二年以後稱泰國）和其他地方也很常見。女性在商業中扮演重要角色，也是福建和廣東的習俗。我認為除了接待之外，也與翻譯需要有關。據宮田安先生所說，來到長崎唐人屋敷的華商和唐通事都受到隆重款待，並與日本女性結婚，其後代以平野（馮氏）、彭城（陳氏）、巨鹿（魏氏）、林或官梅（林氏）、吳等日本姓氏的家系延續至今，分布在九州和日本西部之事，與此情況相同。當時在柬埔寨居住三、四年的唐人有永久居留的，也有作為混血兒融入當地社會的。

元末汪大淵先後在印度洋航行了五年，在東南亞航行了三年。他將兩次航海的見聞匯集成《島夷誌略》（一三五一年出版）。由於他的觀察範圍廣泛而詳盡，故此書經常被後來的明代指南引用。讓我們來看看他對印度東岸的土塔、即 Nagapattinam 附近的描述：

「居八丹之平原，赤石圍繞，有土磚甃塔，高數丈。漢字書云：咸淳三年八月畢工。傳聞中國之人其年販彼，為書于石以刻之，至今不磨滅焉。土瘠，田少。氣候半熱，秋冬微冷。……男女斷髮，其身如漆。系以白布。有酋長。地產綿布、花布、大手巾、檳榔。貿易之貨，用糖霜、五色絹、青鞋、蘇木之屬。」

辛島昇先生最近與當地學者合作調查土塔，發現了許多瓷器和銅錢。根據瓷器的形狀、顏色、樣式以及銅錢的銘文，可以推斷出唐貨和唐人到達土塔的時間。另一方面，上述石刻銘文、墓碑銘文、石刻壁畫，以及族譜和最近發現的海難沉船，都提供了更確切的數據。幾年前，傅吾康先生在新加坡出版了兩本華僑碑文集，收錄了他在蘇門答臘、爪哇及其外島和泰國收集的各種碑文。[9]這些碑文大多屬於

9　傅吾康所編東南亞相關的碑銘集，計有：三冊的《馬來西亞華文銘刻萃編》（一九八二年、一九八五年、一九八七年）、三冊的《印度尼西亞華文銘刻彙編》、（一九八八年、一九九七年（上、下卷）、一九九七年）、一冊的《泰國華文銘刻彙編》（一九九八）。

十七世紀以後，有助我們更深入地瞭解華僑歷史。與土塔石刻類似的是，除了前面提到的汶萊宋人蒲氏墓碑（見八十三頁），還有建於一二一〇年前，位於高棉王國首都吳哥窟巴戎寺裡所描繪的中國帆船壁畫（見七十七頁）。根據這些證據，可以肯定地說，現在東南亞華僑社會的雛形，形成於八到十六世紀。

2 海上貿易網絡與華人居留地

「海禁」政策下的發展

參考東南亞華僑及其故鄉的族譜，我們可以發現許多族譜記載他們的始遷祖，是在二十世紀中葉前約十五代開始在當地定居的。以一代三十年計算，四百五十年前或更早一些，也就是十六世紀前後。編纂族譜意味著移民人數增加，形成了中國式的社區；建立了家庭並將祖先的牌位和香爐帶到當地，開始祭祖，這也表明定居已成為一種普遍現象。故可認為從十六世紀開始，華僑社會的形成變得更成熟。

但與此同時，以中國為中心的亞洲海域貿易，是否順利和自由地發展呢？至少有一半時間並非如此。「一半的時間」是指考慮到中國的對外政策和制度。在十五世紀初，明朝政府先後七次派遣鄭和船隊遠航（一四〇五至一四三三年）。這從過去海上活動發展的歷史來看，是一項非常自然的事業。但另一方面，明朝政府為防止倭寇等走私活動，從建國初期的一三八一年到一五六七年，實施了嚴格的沿海封鎖、即「海禁」。雖然從一五六七年到清朝的一七一七年，一度恢復自由的海上貿易，但在一六六一至一六八三年，為徹底消滅抗清的鄭成功（一六二四至一六六二）家族勢力，清廷實施了嚴厲的海上封鎖（遷界令）。而從一七一七年開始，清廷將海上貿易限制在廈門和廣州兩地，並嚴懲非法出境者。從一七五七年到一八四三年，中國進入了以政府監管的廣州一口通商時期，廣州成為唯一的外貿港。那為何在海禁日嚴的情況下，華僑的人數反而增加，定居的人也越來越多呢？

從中國中央政府的宏觀外交政策來看，從宋元開始向海上帝國發展的趨勢，隨著明朝洪武帝實施海禁、永樂帝放棄遠航而開始逆轉，重新回到堅守內陸帝國的路線。從永樂帝遷都北京、修長城、清朝的藩部政策（設立理藩院），到鴉片戰爭及後續的一系列事件，以及這段時間內的勘合貿易和朝貢貿易體制，都可看到中國越來越傾向以內陸為中心的中華主義。

但這些都只是從北京的角度來看待制度和政策層面的問題。至少在唐宋元，中國人對外國的宗教、文化和民族都持開放態度，而且這些外來文化首先都是從邊疆地區傳入中國的。佛教的傳播、對海洋的興趣、以及基督教和西方文化的傳入，都是很好的例子。中華主義、或說「排外」思想，真正成為中央政府的政策，是在過去六百年，也就是明清時期。隨著以內陸霸主自居的唐帝國的滅亡，從九世紀開始，亞洲各國的民族意識開始覺醒，再加上海上交通的發展，使各國間的聯繫更密切，也加劇了彼此間的磨擦和競爭。在尚未形成國際秩序的明代和清初，人們對外來事物的厭惡和好奇心，往往只是一線之隔。

由先進生產技術製造出來的唐貨，自然是貿易的主角，但正如日本的江戶時代一樣，唐貨的需求者從貴族擴展到平民，其內容也從絲綢、瓷器這些精品，擴展到中國各地的地方仿製品、鐵鍋、針釘、大米、草蓆、藥材等。與此同時，中國的生產技術也傳播到周邊國家，促進了金屬貨幣的使用，進一步推動了貿易的發展。中國也需要從內地難以獲得的胡椒、金銀以及染料和陶瓷生產中不可缺少的鈷、硃沙、蘇木等城市工業和生活必需品。其中，明代中國最想獲得的是白銀。

在亞洲內部貿易和相互依存關係蓬勃發展的必然趨勢下，洪武帝的海禁政策，卻成為了阻礙貿易發展的導火索。但實際上，只有清朝的廣東貿易體制（一七五七至一八四三年）才真正實施了類似於日本鎖國政策的海禁。明朝的海禁政策允許福建南部到廣東一帶貿易，即使在鄭成功時期，海禁也形同虛設。總之，明朝的海禁政策主要是針對倭寇，也就是在福建、廣東沿海活動的走私集團，最初是針對當時的首都、後來副都南京的過度反應。[10]

明朝的海禁政策，對唐貨的最大產地——江南三角洲來說，無論是原材料的獲取、市場的擴大，還是貨幣的供應，都造成了沉重的打擊。但福建和廣東由於政府的控制力有限，仍繼續向江南三角洲供應棉花、轉運其商品，並生產絲綢、瓷器等仿製品，銷往亞洲各國。故所謂倭寇活動範圍，也轉移到了福建、廣東沿海，形成了十五至十六世紀的後期倭寇時期。泉州的市舶司在一四七四年被廢除，並遷移到稍北的福州，但泉州的安海港、南部廈門的月港、以及西部潮州（廣東東部），卻成了走私港口，繁榮一時。還有，作為東南亞貿易的控制基地和合法港口的廣州，那裡的南海貿易在海禁時期也十分繁榮，故福建和廣東的東南亞貿易，實際上是日益興盛的。

明朝實施海禁政策的另一個原因，是宋元大量銅錢外流。儘管知道銅錢庫存不

10　譯注：一五五五年南京被倭寇直接攻擊。

足，洪武帝仍試圖推行紙幣，但紙幣很快就大幅貶值。一四一五年大運河開通，貫穿山東半島山區，直達北京。隨著國內經濟的復甦，白銀需求大增，但當時中國銀礦產量很少。在海禁政策下，白銀走私活動猖獗。十六世紀，每年有三十至五十噸的白銀從亞洲最大的產銀國日本流入中國，以交換生絲、綢緞、瓷器等商品。這也是後期倭寇活動的一個方面。

鄭和的世紀

現在的東南亞地區都是人口稠密的國家，但這是在殖民地時期種植園（種植經濟作物）發展起來之後的事情。在西方人的殖民統治紮根之前，東南亞的人口數量很少，大多數國家都是以貿易立國的海上王國。如統治著從泰國湄南河三角洲到馬來半島中部的阿瑜陀耶王朝（一三五〇至一七六七年），就是一個以保護華僑而聞名的海上王國。在之前的素可泰王朝（一二五七至一三五〇年）統治下，中國人就已到達暹羅灣，並在那裡建設了港口，還發現了馬來半島底部的錫礦。據說素可泰國王曾兩次訪問元朝，並將中國陶工帶回泰國。這些陶工製作了中國風格的宋胡祿陶器。

十五世紀初隨鄭和下西洋的馬歡、鞏珍、費信等人，訪問過阿瑜陀耶王城，並受到泰國女性的款待。《海語》（一五三六年出版）中也記載：「有奶街，為華人流寓者之居，……國無姓氏，華人流寓者始從本姓，一再傳亦亡矣。」書中還描述了唐人街和混血兒（泰語稱為 Luk Kreung）的情況。和田久德先生參考了十七世紀傳教士的記載，指出在阿瑜陀耶郊外的外國人居留地中，唐人街規模最大。奶是指各外國團體的首領，與泰王任命的泰國官員合作行政。

琉球王國在一三七二至一八七四年間，一直與中國保持正式的外交關係，並以此為基礎，發展了以西太平洋為舞臺的轉口貿易，成為一個海上王國。至少從明初開始，華僑就聚集在久米村，建造了豪華的住宅，形成了「大明街」。由於他們大多來自福建泉州，故史書稱他們為「閩人三十六姓」。隨著他們在琉球定居，與琉球女性通婚，同化程度也越來越高。

關於爪哇的華僑，《瀛涯勝覽》（一四五一年出版）有這段著名的記載：

「爪哇國者，……其它國船來，先至一處名杜板。次至一處名新村，又至一處名蘇魯馬益。再至一處名滿者伯夷，國王居之。……中國歷代銅錢通行使用。杜板番名賭斑，地名也。此處約千餘家，以二頭目為主。其間多有中國廣東及漳州人流居此地。……于杜板投東行半日許，至新村（一本作新莊），……原系沙灘之地，蓋因中國之人來此創居，遂名新村，至今村主廣東人也。約有千餘家，各處番人多到此處買賣。其金子諸般寶石一應番貨多有賣者，民甚殷富。自新村投南船行二十餘里，到蘇魯馬益，……亦有村主，掌管番人千餘家，其間亦有中國人。……自蘇兒把牙小船行七八十里到埠頭，名章姑。登岸投西南行一日半到滿者伯夷，即王之居處也。……國有三等人：一等回回人，皆是西番各國為商，流落此地，……一等唐人，皆是廣東、漳、泉等處人竄居是地，……一等土人，……國人最喜中國青花磁器，並麝香、銷金紵絲、燒珠之類，則用銅錢買易。」

位於爪哇島西部的蘇門答臘島，至今仍以廣東華僑居多。蘇門答臘島在七至八世紀曾被海上霸主三佛齊王國統治，但後來三佛齊王國衰落，從十四世紀末開始，蘇門答臘島出現了長達半個世紀的政治空白期。

在中國人稱為「舊港」的集散港蘇門答臘港[11]，從明初到鄭和時期，一直有兩個以廣東人陳祖義和梁道明為首的華僑團體居住，總人口超過一萬人。這兩位首領都是舉家遷移到舊港的，並帶著大批廣東和福建人。梁道明的手下施進卿，在一四〇六年鄭和船隊到達舊港時，向鄭和控訴了陳祖義的海盜行為。陳祖義於是被捕回

11　今蘇門答臘的巨港（Pelembang）。

國，並被處死。施進卿得到了明朝政府授予的舊港宣慰使頭銜和朝貢的許可，他的家族三代都與明朝、日本的若狹和薩摩、以及琉球進行貿易。

和田久德先生研究了中國方面的朝貢紀錄，並根據使節的姓名，復原了部分華僑的歷史。十四世紀末，泰國阿瑜陀耶王朝的國王三次派遣貢船到朝鮮，其中一次貢船上的漢人使節陳彥祥，在十五世紀初，也曾兩次出現在爪哇滿者伯夷王朝國王派往朝鮮的貢船上。福建漳州人馬用良，從一四三〇年代開始，七次出現在滿者伯夷王朝（當時已經吞併了蘇門答臘島）派往明朝的貢船上。他自稱「亞烈」（爪哇官職）；一四三六年，另一位漳州人洪茂仔也出現在貢船上，他自稱「財富八致」（財富在漢語中指船上的事務長，八致是爪哇官職）。十五世紀，阿瑜陀耶王朝派往明朝的貢船上的正使、副使、通事中，也時有華人。一四七七年，貢船的使節「美亞」[12]，就是福建汀州人謝文彬。他原是一位鹽商，在泰國居住了三十多年，並被授予了「坤岳」的官職[13]。此外，還有廈門地區的人和江西建昌府的人。

總結以上內容，當時的東南亞國家，除了爪哇島，大多數地區仍以刀耕火種的農業為主，水田面積有限，人口稀少。除少數內陸型的國家，大多數都是以港口城市，或港口城市及其腹地為中心。印度、中國等國的商船主要到的是後一類國家。貿易對這些國家來說至關重要，流入商品、流出特產的港口城市，是國家統治的關鍵，也是征服型海上王國財政的支柱。在這些港口城市，統治階級與及來自印度、阿拉伯、中國等地的外國商人，都會建立各自的聚居區（葡萄牙語稱為 campo），有些商人還會在腹地擁有土地，並雇傭農民或奴隸耕種。胡椒、香料等當地特產，會被用來交換進口的奢侈品和日用品。中國製造的進口商品，對這些國家的貿易有著重要的影響力。

12　譯注：阿瑜陀耶王朝官名。
13　《萬曆野獲編》注：「即中華學士。」

這個商業時代的華僑，以華商和水手為主，還有僕人、小販、雜工等。他們的財力和生活水準都高於其他外國商人，其中有些成了王室的御用商人，被授予官職、並擔任到中國的貿易船的使節和領隊。由於華僑擁有同族、同鄉或同業的關係，以及由此形成的網絡，故他們的商業技巧、訊息量、貨物採購能力和財力都更勝一籌，當地王國也會支持華僑，並通過徵稅獲得收益，雙方形成了一種互利共生的關係。

3 移民的邏輯——福建與廣東

華南經濟的實相

現在人們都在談論「中華經濟圈」的崛起。的確，以「華南」的經濟開放區和經濟特區為中心，類似的先進地區正在沿著沿海地帶，從「江南三角洲」向北延伸到山東、天津。大多數中國觀察家似乎都認為，這是自一九七〇年代以來，發生的「巨變」，但其實這情況的形成有著悠久的歷史背景。沿海地區，也就是傳統意義上的邊疆地區，正在變成中國經濟的中心，這種現象背後還有許多不為人知的方面。如果不能擺脫單一視角、刻板印象，以及總是從北京的角度看待問題的偏見，就很難理解這種現象。

如果用照片來比喻，政治就像是正片，而社會經濟就像是負片。在過去二千年裡，中國的政治體制雖然在宋代通過科舉制度的確立等措施，進行了合理化和效率化的改革，但其本質並無發生太大的變化。而社會經濟卻在時間和空間上，都經歷了加速的變革，人口的變化就是最明顯的證明。其長期的變化趨勢，可以用一句話來概括，就是「南遷型移民和定居」的過程。

在最初的一千年裡，中國人口的分布，北方占六、七成，南方占三、四成，但在之後的一千年裡，這一比例逆轉，南方的人口比例達到了六、七成。促成人口重心南移的因素，是南方每面積單位產量更高的水稻（是粟和麥的四倍），以及交通（水運成本比陸運低五到八倍）和商業的發展，水運——包括內河水運（包括大運河）和海運。故南方的經濟分工和專業化程度更高，能養活更多的人口。而這種現象在交通便利、靠近大小集散城市的地區，尤為明顯。

故中國的開發中心，也從關中（陝西）→中原（河北、河南、山東），轉移到長江上游（成都平原）→江南三角洲→福建→長江中游（江西、湖南、湖北）→廣東，到明末，適合殖民的未開發地區幾乎全部被開發，南方的人口占全國總人口的七成。隨著可供移民的土地越來越少，「江南三角洲」和「福建」等傳統的先進地區，開始專注於發展手工業、經濟作物和加工業，並逐漸變成了糧食非自給地區。它們需從周邊開發相對落後的農業地區獲得糧食補給，並將工業品出口到這些地區，雙方形成了一種相互依存的關係。廣東也在明末成了先進地區。幸而從十七世紀末開始，原產於美洲的玉米、煙草、甘薯等可在山地種植的作物，從馬尼拉傳入福建、廣東，並逐漸擴展到湖北和四川東部的山區。這些作物的引進，也促進了山區水田的開發。

在清代，中國形成了沿海的非自給的先進地區，而中部地區及完全落後的邊疆地區，則向非自給先進地區提供大米、糧食、木材、礦產，並從這些地區獲得食鹽和棉布等商品。上海、漢口（武漢）、廣州成了全國性的物流集散中心，物價的動

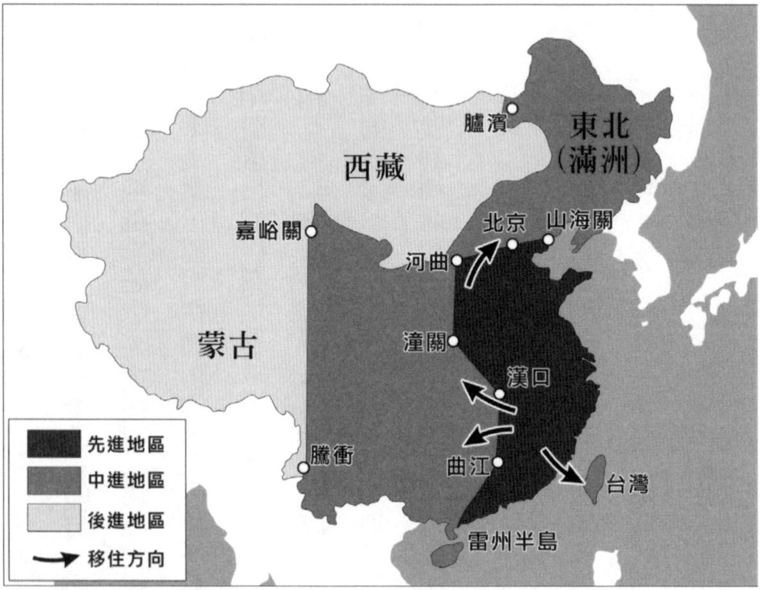

圖八　清代中國的先進、中進、落後地區（白偉權繪圖）。

向在這些都市之間也呈現強烈的連動，廣域市場圈已然出現。如果將現在的沿海經濟開放區和特區與這些歷史聯繫起來，就更容易理解它們的發展。

在這段時間裡，中國的首都從定都一千多年的長安，遷移到了黃河下游的開封（北宋）→杭州（南宋）→大都（北京）（元朝）→南京（明初），最後在一四二一年定都北京。宋元明初長達五個世紀的政治和經濟重心的重合，就此結束。在一四三三年，隨著鄭和第七次下西洋的船隊返航，中國作為一個帝國的海上擴張也告一段落。此後，華中和華南地區在政治上屬於邊疆，在經濟上卻是先進地區，形成了兩種截然不同的面貌。

首都遷到北京後，中國開始以「封閉內陸帝國」自居。這種趨勢在清朝康熙、乾隆年間達到頂峰。他們征服了草原，並設立了理藩院（一六三八年）。但清廷只是放棄了對海上活動的直接干預，而將蓬勃發展的東亞海域的海上貿易，交給了民間企業，並融入了一五一一年馬六甲開港、一五七一年馬尼拉開港所開啟的，以環球航行為特徵的新世界格局。在十六世紀華中和華南沿海地區肆虐的後期倭寇，隨著一五六七年海禁的解除而突然消失，這也證明了現實的力量超越了政策的限制。

在隨後一個世紀的自由貿易時期，以廈門為基地的鄭芝龍、鄭成功父子，擁有五千多艘船，並在廈門和杭州各設了五家商行。一六一九年，荷蘭人在巴達維亞（雅加達）建造城堡時，福建派出了技術人員和數千名勞工，並約在此時，將福建的製糖技術傳播到了爪哇，初步形成了國際產業分工。廣東的珠江三角洲開始種植桑樹、養蠶、繅絲，生產粵緞、粵紗（廣東產的緞子和薄絹），並將其銷往馬尼拉和日本市場。後來，他們又開始從景德鎮進口素瓷，在上面繪畫，然後銷往西方。他們還用印度棉花，仿製出廣州產的「南京棉布」[14]。在廣州西部的佛山鎮，人們開始生產鐵器，並將其銷往東南亞。

鄭成功的海上小帝國，雖然在一六八三年清軍平定臺灣後一度解體，但在一七至十八世紀，每年仍有三十多艘福建船往來馬尼拉，十至二十艘福建船往來巴達維亞，一百多艘福建和廣東船往來暹羅。到一八四〇年左右，每年有二百二十多艘船從華中、華南地區到日本和東南亞，七百多艘船往來於華南和上海之間。

向熱帶邁進

福建南部和廣東屬於亞熱帶地區，廣州市的緯度與古巴哈瓦那相同。這兩省既是「南遷型移民和定居」運動的最前沿，也是華僑到東南亞的主要出發地。當然，無論是在中國內地從事農業、工業、商業、服務業，還是通過科舉考試成為官吏，福建人和廣東人的成功率和晉升率，在全國範圍內都是最高的。也就是說，他們的社會流動性最高。但由於福建背靠武夷山脈，廣東背靠南嶺，而且他們長期以來，

14　譯注：即「紫花布」。

一直從事海上活動，對海外情況非常瞭解，故當他們為改善生活而外出闖蕩時，自然會選擇氣候相近、比較熟悉的東南亞地區。

除商人、水手、船員，為甚麼農民和工匠階層也要漂洋過海呢？相對於資源的人口過剩，可能是最主要的原因。福建和廣東的農民開始大量移民到臺灣和其他海外地區，是在十七至十九世紀。在十九世紀後半葉，勞動力市場的拉力（吸引力）和交通工具的變革（蒸汽船的出現）、訊息的傳播速度的提高（電報的出現），都是促成移民潮的重要因素，但在十七至十八世紀，推力（人口過剩）才是主要因素。

這兩個世紀是清朝的鼎盛時期，社會相對穩定。從十八世紀後半葉到一九三〇年代，包括東北（滿洲）在內的全國人口增加了一點七倍，耕地面積增加了一點六倍，故資源與人口的關係似乎還算可以，但人口和耕地面積都在增加的地區，主要是東北、四川、雲南、貴州、廣西等不太富裕，而且先進地區的技術也很難推廣到這些地區。在先進地區，人口只增加了一點三倍，耕地面積只增加了一點一倍，其中福建人口增加了一點一倍，耕地面積（包括臺灣）增加了一點七倍，廣東人口增加了二點一倍，耕地面積增加了一點六倍。與江南三角洲的發展停滯甚至倒退相比，福建和廣東的情況稍好一些，但生活水準卻在下降。

在宋代，江南地區一個水田農戶平均擁有二十畝（一點二公頃，一畝相當於六分之一公頃）土地，當時水稻的平均畝產量為二石（相當於日本的一石），故擁有二十畝土地，無論是交稅還是交租，都可滿足糧食和日常開支的需求。但這是水田地區的情況。在清代，農戶平均擁有五畝（0.3 公頃）土地，在浙江紹興，擁有二十畝土地的人就算是地主了，而在福建和廣東，有些農戶只有一至二畝（0.06 至 0.12 公頃）土地。雖然畝產量提高到了三石，但即使一家人省吃儉用，大人和小孩每人每月只吃三斗（相當於日本的一點五斗）糧食，五口之家每年也需要十八石（相當於日本的九石）糧食，故五口之家至少需要五畝土地才能維生。故出外謀生或種植經濟作物，是維生的必要手段。如果一個家庭有三個勞動力，其中一個會在家務農，另外兩個則出外謀生。在這樣的社會裡，競爭非常激烈，只有勤勞、節儉、進取、適應能力強，並且具有團結精神的人，才能生存下去。

從一七五七年開始，廣州成為中國唯一的外貿港，就像日本鎖國時期的長崎一樣。在廣州港西南部的珠江三角洲，為了生產出口生絲，許多村莊開始專注於養蠶。人們將水田改造成桑田，並在田中央挖一個水塘以養魚（桑基魚塘），這與明代江南地區太湖沿岸將六成水田改造成桑田的做法（四水六基）如出一轍。在珠江三角洲，通過養蠶、棉紡織、茶葉種植、水手、海商等途徑，從事商業的人口比例，在一些地方高達六成，平均也達到了二至三成。當然，田地和土地的開發也有所進展，這些技術和勞動力，後來也被用於海外的淘金熱、鐵路建設、曼谷三角洲的圍墾、道路和水路工程等。

廣東東部的汕頭港（潮州），也是華僑的重要輸出地。韓江流域平原居民擅長種植經濟作物，他們在東南亞以種植蔬菜、經營碾米廠、以及種植甘蔗、胡椒等經濟作物而聞名。

韓江上游的丘陵地區，也就是嘉應州（舊梅州），以及東部的福建汀州、漳州的腹地，在南宋時就有許多福建人移民到此定居，後來他們遷到地勢較低的平原地區。原本居住在河南省的「客家」群體，經過漫長的遷徙，從江西遷到這裡。客家人是漢族中的一個少數民族。他們使用客家話，並擁有獨特的風俗習慣。由於他們是少數民族，經常受到周圍人的排擠，所以他們會在人煙稀少的丘陵地區，建造山寨居住，就像日本傳說中的平家落人[15]村一樣。客家，也就是外來者的意思。由於他們團結一致，且非常勤勞，所以除在農業和礦業方面表現出色，他們在商人、軍人、醫生、學者、官吏等晉升較快的領域，也嶄露頭角。嘉應州的客家人在馬來西亞的錫礦開發中非常成功，後來他們又活躍於廣東沿海地區和廣州市南部的珠江三角洲。

15 譯注：指在源平兩氏爭鬥失敗的平家殘黨。

血緣、鄉黨網絡

在清代，福建和廣東的土地不足問題日益嚴重，生活水準也在下降，人口外流現象也越來越顯著。廣州港很早就成了東南亞人口販賣的基地，土地不足成為推動人口外流的潛在壓力，但這並不能完全解釋華僑移民的原因。還有，作為「邊疆地區」亦非唯一的原因。如果從資源與人口的比例、生產力水準、以及交通和商業的便利程度來看，當時中國最貧困的地區，應是內陸的甘肅、陝西、山西和安徽北部。

儘管存在這些差異，但福建和廣東在血緣和鄉黨關係的緊密程度上，無論是過去還是現在，都堪稱中國之最。編纂族譜、修建祠堂（祖先的廟宇）、擁有族產（家族的共同財產）、興辦義學（家族的學校），這些都是祖先崇拜的表現，在中國各地都很普遍，無論是先進地區還是落後地區。但這華南兩省的血緣關係，被稱為「福建．廣東型」（斐利民[16]說），其緊密和牢固程度，遠超華中型、華北型和四川型。

在此，「邊疆」超越了「中心」。

研究類型，就是從宏觀的角度，觀察地區的特殊性。祖先崇拜雖然是漢族普遍的信仰，但它會隨著時代和環境的變化而更新和強化，並在開發的前沿地區得到放大。其根源在於社會的競爭，以及在個人和家庭力量薄弱的情況下，人們需要通過超越個人和家庭的聯繫，才能生存和發展。

當人口過剩而資源有限時，如果人們只在自己村莊或家鄉內部競爭，最終只會自我毀滅。故人們會按個人才能和資質，選擇出外謀生，無論是讀書、務農、經商還是做工，都是如此。在這過程中，如果沒有家族或宗族的證明，就無法在外面獲得信任。自己的家族和姻親，也就是通過婚姻關係建立的網絡，是最牢固的。但另

16 譯注：Maurice Freedman, 1920-1975。

一方面，它的範圍也很有限。為了彌補這一缺陷，就需要依靠鄉黨（同縣、同府或州、同省、或鄰近的二、三個省）的關係。

同鄉關係，如果沒有商業往來，就很難發揮作用。如果村莊、城鎮、小城市、大城市之間，存在著一個網絡，那對於出外謀生的人來說，「外面的世界」就是一個開放的系統網絡。鄉黨關係，其實就是連接人、物、訊息、服務流動網絡的紐帶。

清初的漢口成了一個擁有百萬人口的貿易中心，來自安徽和江西交界處的徽州商人和其他出外謀生者，開始往返漢口和家鄉之間。在一個世紀或更長時間後，他們會以在漢口定居的同鄉為擔保人，向縣令申請遷移戶籍。遷移了戶籍的人，逐漸產生了漢口市民的意識，並積極參與漢口的公共事務。他們還會加入同業公會，其世界逐漸變得多元化，但他們仍保留著對徽州某縣的籍貫認同，這兩種身分並不矛盾。社區是會發展和變化的，每人都會適應這種變化，而這種變化並不會阻礙，反而會促進多元化和多重身分的形成。

在漢口，一個商人要在長達八個月的貿易季節裡做生意，就需要十八個水運工人的支持。水運工人都是從當地招募的。在這個九成人口都來自外地的城市，山西、安徽、廣東、福建等地的商人群體，都建立了自己的會館。還有由八個主要行業組成的「上八行」，以及由其他八個行業組成的「下八行」，這些組織共同推動著漢口的公共事業發展。

會館（規模較小的稱為公所），是從十六世紀開始，隨著中國城市間商業往來的日益頻繁而出現的，以鄉黨為基礎的商工業行會，同時也是這些行會的活動場所（廣東人稱為公司）。雖然有些會館是由農民或礦工建立的，但由於需要資金，所以最終都是由商人來管理。隨著華僑勢力在東南亞的發展，福建、廣東系的會館和公所也越來越多，後來寧波系的會館和公所也開始出現。到了二十世紀，這些會館和公所逐漸被整合為各個城市的總商會（類似於商會），但其組織的基礎仍是同鄉，尤其是以縣為單位的團結。

在福建和廣東，由於這兩省都是南遷移民潮的前沿，所以不同籍貫和宗族的群體，往往會散居在不同的村莊或縣城，有些村莊或城鎮甚至會被加固成要塞。為應對競爭和合作的雙重需求，廣東出現了「聯宗通譜」的現象。即使不同的宗族之間，沒有共同的祖先，他們也會虛構一個共同的祖先，並將周圍的小姓氏也納入其中，形成一個大的家族。這是一種生存和發展的智慧，也是一種經濟上的權宜之計，當他們需要承包政府的土地開墾項目，或依靠家族的力量進行土木工程時，他們就會靈活運用家族的群體原則。

第二章

磨擦、競爭、同化
——十七至十九世紀

圖九　檳城喬治市祠堂（許氏公司）。

1 流血事件的發生

馬尼拉唐人街與屠殺事件

十六至十八世紀，亞洲海域的貿易格局，隨著來自歐洲的大型商船，如蓋倫帆船和克拉克帆船的加入，逐漸擺脫了過去亞洲內部貿易的模式，並融入到正在形成的世界經濟網絡之中。這是一個重要的過渡時期。

隨著遠洋航運的發展，亞洲各地的互相依存日深，產業分工更為細化，貿易的頻率和數量也大幅增加，市場對商品的需求也發生了變化。在這過程中，亞洲各地的人口也開始緩慢增長。在這種背景下，由於各種原因，華僑人口也進入了快速增長期。但華僑的突出地位，也引發了一些不幸的磨擦，甚至流血事件。馬尼拉和巴達維亞的事件，就是其中的典型例子。

一五七〇年，西班牙人來到菲律賓時，馬尼拉港約有一百五十名華僑。翌年，西班牙人開放馬尼拉港作為貿易和傳教基地後，每年都有一、兩艘蓋倫帆船往返於馬尼拉和阿卡普爾科。這些帆船主要從美洲運來銀幣，最多時可達二十萬公斤。一五七三年，從馬尼拉返回阿卡普爾科的兩艘帆船，裝載了七千一百一十二匹絲綢、二萬三千件瓷器，以及絲織襪子和唐貨等。來自福建泉州、廈門地區的二十至三十艘、載重二百噸左右的大型帆船，每年都會往返於馬尼拉和中國之間，將這些商品賣給西班牙人，並購買白銀，每艘帆船上大約二百人。在二十至三十年的時間裡，馬尼拉的華僑增至三萬人。

雖然中國人並無吞併菲律賓的野心，但他們似乎有殖民的想法。西班牙人除了因貿易而需要華僑，在政府機構、教堂、橋樑、住宅、家具、生活用品等方面，也需要華人的技術、勞動力和供應能力，故除商人、僕人，還有木匠、泥瓦匠、鐵匠、理髮師、印刷工、家具匠、建築工人等，都紛紛來到馬尼拉。由於西班牙殖民當局無法從西班牙本土招募移民或增兵，故在一五八二年，他們在馬尼拉城堡附近的郊區，設立了帕里安（Parián，又稱澗內）華僑居留區，將臨時居住的華人集中起來，以便監視他們。

當時，以臺灣海峽澎湖島為基地的倭寇首領之一林鳳，原本打算在臺灣定居，但在一五六四年，他看到了一艘從馬尼拉返回中國的帆船上的貨物後，突然萌生了攻佔菲律賓的想法。他的艦隊有十艘船，六千名部下，其中包括一千五百名婦女，以及數百名農民。他們還帶來了牲畜、農具和種子，顯然是打算在菲律賓定居。但西班牙人察覺到了林鳳的企圖，並擊敗了他的進攻，殘黨逃到了呂宋島北部的山區，最終在那裡定居，成了農民。

一五九三年，為了從荷蘭人手中奪回香料群島（摩鹿加群島），馬尼拉總督達斯馬里尼亞斯親率西班牙艦隊南下。艦隊上有一千名西班牙海軍陸戰隊士兵、八千名菲律賓士兵和二百五十名華人水手。總督的旗艦上有八十名華人，他們與以往不同，被授予職位和武器、受到優待，但這種優待卻適得其反，引發了以潘和五為首的華人叛亂，總督被殺，旗艦漂流到了越南。西班牙海軍平時對華人水手的虐待，是這次叛亂的原因之一，而作為報復，一五九五年，五千名華僑被驅逐出馬尼拉。

一六〇三年、即將滅亡的明朝政府為籌集資金，派了兩名官員到菲律賓，調查金礦和銀礦。西班牙人懷疑華人又要造反，就在這時，秘密結社天地會的首領黃江，試圖組織華僑，結果被西班牙當局發現。西班牙士兵血腥鎮壓華僑，殺害了約二萬名華僑。據說，當時住在馬尼拉的四百多名日本人，以及當地的土著居民，都站在西班牙人一邊。這次屠殺事件，使馬尼拉的華僑人口減少到只有五百多人，但令人驚訝的，是翌年就有二十艘帆船，也就是四千名華人來到馬尼拉，進行貿易後返回中國。之後，又有二、三百名膽大的華人留下來。幾年後，馬尼拉的華僑人口又恢復到了一萬多人。

一六二一年，西班牙當局發布公告，將帕里安地區的華僑人數限制在六千人以內，但允許皈依天主教的華人，以及與當地女性通婚生下的麥士蒂索人（混血兒），在帕里安地區與土著居民混居。一般來說，華僑皈依基督教或佛教的情況比較普遍，但現代菲律賓的華僑人口比例只有百分之一點五，就是因西班牙人的皈依政策和通婚政策，促進了華僑的同化。前總統柯拉蓉・艾奎諾夫人，就是泉州同安縣許氏的後裔，她不久前還曾回鄉掃墓，她就是麥士蒂索人的後代（關於菲律賓的麥士蒂索人，將在本章第三節中介紹）。

一六三九年，馬尼拉再次發生了華僑屠殺事件。起因是馬尼拉附近的卡蘭巴鹹湖的圍墾工程中，被奴役的農業勞工發起了暴動。他們殺死了幾名官員和兩名天主教傳教士，並進攻馬尼拉，但最終失敗。前來調解的帕里安地區的華人，也被西班牙士兵殺害。當時，馬尼拉的華僑人口已經恢復到了三萬多人，但在隨後持續了四個半月的動亂中，有二萬多名華僑喪生。

馬尼拉的華僑人口一度減少到八千人，但由於明末的內亂，許多人逃亡海外，當地華僑人口又恢復到了二萬人。一六六一年，占領臺灣的鄭成功，為保護他的同鄉——馬尼拉的華僑，派傳教士到馬尼拉，要求西班牙總督向他的臺灣政權朝貢。這引發了第三次華僑屠殺事件。西班牙總督感到會被侵略的威脅，下令除為西班牙人工作的勞工，所有華人必須離開菲律賓。一六六二年，大約三千名華僑，因為抗議西班牙人的命令而被殺害。

經過三次血腥屠殺，馬尼拉的華僑人口減少到只有六千多人。一六八三年，清軍平定臺灣後，鄭成功殘部的首領丁弋，在一六八六年襲擊了帕里安地區的西班牙區長，造成數百人死亡。十八世紀中葉，英法殖民戰爭的餘波蔓延到菲律賓，法國的盟友西班牙在馬尼拉的守軍向來自印度的英軍投降。西班牙臨時政府遷到呂宋島中部的巴科洛德，但由於懷疑當地華僑組織了義勇軍，配合英軍作戰，巴科洛德附近的六千名華僑被殺害。

從這些磨擦事件中，我們可見華僑移民的規模在不斷擴大，隨著殖民地的建設和發展，除各種勞工，也有一些女性開始移民，也就是說，除以貿易為目的的移民，也出現了以定居和開發為目的的移民。十七世紀以後，原產於美洲的玉米、甘薯、煙草、花生等新作物，通過福建華僑從馬尼拉引進到中國。這些作物在福建和其他地區的推廣，導致了中國人口的快速增長，也成為推動華僑移民的因素之一。十七世紀臺灣移民潮的背後，就有這些因素的影響。

巴達維亞事件的始末

在馬尼拉開港後，一系列涉及華僑的衝突不斷發生，而在此期間，以爪哇、蘇門答臘、越南、泰國為中心的廣闊海域，也進入了所謂「商業時代」（安東尼・雷德）。[17]除泰國的阿瑜陀耶、蘇門答臘的亞齊和占碑、爪哇的馬打蘭和萬丹、越南的黎朝等強大的港口城市國家和海上王國（見前章）之間，為爭奪商業利益而互相敵對或合作，葡萄牙、荷蘭、英國等新來者，也紛紛在這地區建立據點，試圖壟斷貿易。他們的目標是「東方的物產」、尤其是香料，其中最重要的是胡椒，後來加上砂糖。而砂糖種植園，也與巴達維亞事件有關。

隨著南宋到元明時城市生活的改善，胡椒需求不斷增加。中國消費的胡椒，大多來自蘇門答臘島。中東和西歐地區，也長期需要胡椒，但他們的主要供應地是印度。葡萄牙人占領了果阿，控制了印度胡椒的供應，並以此為基礎，在一五一一年在馬六甲建立據點，然後又擴張到泰國、爪哇和摩鹿加群島，建立了便利的貨物採購體系。繞過好望角和麥哲倫海峽直接來到亞洲的荷蘭人，以及途徑印度來到亞洲的英國人，分別在一六〇二年和一六〇〇年，在各自的國家成立了東印度公司，開始全力以赴地加入到爭奪亞洲貿易的行列中。

一五一〇年左右，每年有八至十艘中國商船來到馬六甲，主要購買胡椒和丁香，然後運返中國，可以獲得四倍的利潤。一五一一年，葡萄牙人占領馬六甲後，中國商人將採購地點轉移到了萬丹、北大年和柔佛。在這一海域，來自當地港市國家、琉球、印度、波斯灣的船，往來頻繁，但中國船運來的工藝品、鉛錢和鐵器，在這地區有著穩定的需求，且華僑在各個港口和城鎮建立了商業網絡。所以如果不拉攏華僑勢力，就很難有效地採購。

荷蘭人在馬六甲被葡萄牙人占領後，決定在爪哇島中部的馬打蘭王國和西部的萬丹王國之間建立一個據點。他們買下了巽他格拉巴（雅加達）港的一塊土地，並

17 譯注：Anthony Reid, 1939-。

將其命名為「巴達維亞」。一六一一年，荷蘭人在當地原有的唐人街，建立了公司的倉庫。一六一九年，荷蘭人建造了一座帶有城牆、運河和建築的城堡，工程由兩名華僑承包，勞工則從附近的港口城市招募而來。仔細觀察，可以發現這座城市仍保留著一些中國風格的建築元素。勞工是由華商的帆船從福建運來的，城裡的華僑則被免除勞役，但需繳納人頭稅，這項稅收後來成了公司稅收收入的主要來源。

荷蘭人對華僑採取了合作的態度，總督庫恩[18]任命蘇鳴崗[19]為甲必丹（這是葡萄牙人建立的制度，負責管理華人團體的官員），代表華僑參與市政管理，並在市政委員會中，安排了六名華僑領袖。許多參與城市建設的勞工，也選擇在當地定居，形成了中產階級。一六三八年，巴達維亞的總人口為八千零五十八人，其中包括一千七百三十名公司員工、六百三十八名荷蘭自由民、二千三百九十名華僑、三十八名日本人、一千二百五十四名公司所屬的農民、一千零一十名奴隸、六百四十九名獲得自由的奴隸等，以及三百零四名土著居民。在十六世紀末，除了奴隸，華僑占了巴達維亞人口的一半。從城市的角度來看，荷蘭人與華僑之間的互利共生關係，運作良好。

十七世紀初，東南亞的胡椒年產量為九百三十萬磅，直到十八世紀中葉，胡椒和其他香料，一直是荷蘭東印度公司在阿姆斯特丹交易的主要商品。故蘇門答臘和爪哇的港市國家，紛紛開墾內陸地區，擴大胡椒的種植面積。除了胡椒，甘蔗種植也隨需求的快速增長而受到重視。甘蔗原產於美洲、地中海沿岸、孟加拉、東南亞和中國南部。歐洲的砂糖，都是從海外進口原料，然後在城市加工的。加工中心最初在安特衛普，後來轉移到了阿姆斯特丹。在亞洲，黑糖、紅糖和白糖中，以中國南部和孟加拉的白糖加工技術最為先進。當時，日本還無法生產優質砂糖，故在江戶幕府初期，中國的白糖和黑糖，與絲綢、瓷器一起，被進口到日本，葡萄牙人通

18　譯注：Jan Pieterszoon Coen（一五八七至一六二九），於一六一九至二三、二七至二九兩任荷蘭聯合東印度公司的總督。

19　祖籍福建同安，是首名華人甲必丹。他也曾到臺灣協助荷蘭人招募中國漢人到台拓墾。

過出口這些商品，獲得了十倍以上的利潤。

一六〇四年，荷蘭人劫持了兩艘葡萄牙商船，並將船上的絲綢、瓷器、黃金、家具和砂糖，在荷蘭拍賣。其後數十年間，荷蘭人開始將中國的砂糖，銷往日本和歐洲。一六二四年，荷蘭人開始在臺灣南部和巴達維亞地區種植甘蔗。由於孟加拉糖無法成功打入市場，糖業一度衰退。

在這種背景下，華僑在巴達維亞城堡南部郊外，開墾荒地和森林，發展農業。但這地區經常遭到鄰國萬丹的襲擊。在一六五六年的一次戰鬥中，三分之二的甘蔗種植園被燒毀。但在一六六一年，荷蘭人控制的臺灣被鄭成功占領後，巴達維亞的土地開墾重新獲得了動力。一六七〇年代，一些荷蘭企業家，開始計畫將荷蘭控制的爪哇腹地，變成農商殖民地。他們將大部分土地，租給了華僑企業家（種植園主），這些華僑企業家雇傭了爪哇人和華人勞工，開墾土地。

到一六八〇年代，隨著北大年與荷蘭人講和，以及清朝放鬆了外貿的限制，每年來到巴達維亞的中國帆船，從之前的三、四艘增至二十艘，每年都有數千名福建華工來到巴達維亞，農業移民也迅速增加。但在繁榮的背後，荷蘭人與華僑之間的合作關係，也出現了一些陰影。從一六六〇年代開始，在甲必丹↓副甲必丹↓區長（荷蘭人和華人都有）的行政體系中[20]，華人甲必丹被排除在市政委員會，而甲必丹的職位，也從過去同僚推選，變成了富人的世襲或買賣。荷蘭人對腹地農園的管理也滯後，只派了兩名荷蘭保安官和他們的助手，無法維持秩序。由於城內的荷蘭投資者與腹地的華僑承包商之間缺乏溝通，導致了一六九〇年代到一七三〇年間，巴達維亞的製糖業雖然迎來了鼎盛時期，但腹地的八十四家企業主中，有七十九人是華僑，只有四人是荷蘭人，還有一位是爪哇人，但他也是通過華僑來經營的。

20 在荷蘭殖民體系中，除了甲必丹之外，還有雷珍蘭、諸葛礁、撫直迷等。

衝突的直接導火索，是非法登陸並在腹地定居的華人勞工激增。他們逃避登記，拒絕繳納人頭稅，且種植園的利潤，都落入了華僑企業家的手中。還有，巴達維亞的砂糖，在歐洲市場上受到來自價格更低的西印度殖民地[21]砂糖的挑戰，在亞洲市場則受到重新崛起的孟加拉砂糖的挑戰。波斯的砂糖需求，隨薩非王朝的衰落而減少；日本也在德川吉宗的重商主義政策下，開始發展自己的砂糖生產。隨著繁榮的消退，荷蘭東印度公司降低了砂糖的收購價格，導致許多華僑企業家破產，失業的流氓團體也隨之出現。一七四〇年，荷蘭東印度公司計畫將華人勞工遷到荷蘭控制的錫蘭，但由於有人散佈謠言，說荷蘭人會將華工扔進海裡，導致局勢失控，憤怒的華人勞工遂向巴達維亞宣戰。荷蘭人指揮的軍隊，雖然以火力優勢在野戰中取勝，但城內也出現了響應叛亂的人，雙方混戰在一起。最終，荷蘭人進行了報復，殺害了約一萬名華僑。

21 譯注：泛指今日的加勒比海地區和中南美洲。

2 關於殖民臺灣

走私基地 雙嶼群島

在華商的日本基地平戶和長崎，葡萄牙、荷蘭、英國商人，也乘坐著南蠻屏風上描繪的克拉克帆船，來到了日本。葡萄牙人在占領了果阿（一五一〇年）、馬六甲（一五一一年）和澳門（一五五七年或一六四四年）後，雖然未能與明朝建立正式的外交關係，但他們開始從事利潤豐厚的日中貿易仲介業務。由於一五二三年發生在寧波的大內氏和細川氏商船之間的武鬥事件（寧波之亂），導致日中貿易受到限制，日本船實際上被禁止進入中國港口。葡萄牙人看到了這個機會，開始從中牟利。

寧波之亂後，寧波的市舶司被廢除，附近舟山群島的雙嶼群島當中六横島，成了走私基地。島上有大約一千戶葡萄牙人，還有兩座天主教教堂、一座市政廳和一家醫院，甚至還有一位市長。一五二五年，廈門的逃犯、海盜頭目鄧某，到馬六甲和北大年，招募葡萄牙人，並將他們帶到了雙嶼島。除了鄧某，還有福州人李光頭、徽州（安徽南部）人許氏四兄弟（許松、許棟、許楠、許梓），以及來自浙江、福建、廣東的其他大海盜頭目。他們的活動範圍，從東南亞一直延伸到日本。許氏兄弟似乎與日本的海盜有聯繫。

鄧某在一五三二年被官軍捕獲，許棟和李某在一五三八年被官軍捕獲，許梓逃到了泰國。原本只是集團中小嘍囉的徽州人王直（汪直），迅速成了新的大頭目，並在一五六四年被捕之前，一直控制著雙嶼島的走私王國。王直原是一位鹽商，後因生意失敗，才加入了海盜集團。一五四五年，他到博多將助才門（助左衛門）等三人帶到雙嶼島。他主持著雙嶼島的走私市場，同時也為日本商人提供貿易仲介服務。

王直的生意主要是與廈門人葉宗滿合作，在廣東建造大船，然後到暹羅、柬埔寨，採購蘇木、胡椒、犀角（藥材）和象牙，再到馬尼拉購買墨西哥銀幣，最後將景德鎮的瓷器、湖州的生絲、松江（上海附近地區）的棉布、福建的紗絹和砂糖、糖果等，運到日本和東南亞銷售。從雙嶼島的地理位置來看，對日貿易占了很大比例。

一五四八年，明朝浙閩提督朱紈攻打雙嶼，捕獲了三名葡萄牙船上的黑人水手。從他們的供詞中，我們可以瞭解到以下情況：

「據上虞縣知縣陳大賓申抄黑番鬼[22]三名口詞內開，一名沙里馬喇，三十五歲，地名滿咖喇人，善能使船觀星象，被佛郎機番每年將銀八兩雇用駕船；一名法哩須，年二十六歲，地名哈眉須人，十歲時被佛郎機番買來，在海上長大；一名嘛哩丁牛，

22　原文作「黑番鬼」，其他文獻作「黑鬼番」較多。

年三十歲，，咖呋哩人，被佛郎機番自幼買來。同口稱佛郎機十人與伊一十三人，共漳州、寧波大小七十餘人，駕船在海，將胡椒、銀子換米布、紬段買賣，往來日本、漳州、寧波之間，乘機在海打劫。今失記的日，在雙嶼被不知名客人撐小南船載麵一石，[23]送入番船，說有綿布、綿紬、湖絲，騙去銀三百兩，坐等不來。又寧波客人林老魁，先與番人將銀二百兩買段子、綿布、綿紬，後將伊男留在番船，騙去銀一十八兩。又有不知名寧波客人哄稱，有湖絲十擔，欲賣與番人，騙去銀七百兩；六擔欲賣與日本人，騙去銀三百兩。」[24]

從以上事實中，我們可見在十六世紀的亞洲海上貿易中，除福建、廣東、浙江的商人，當時控制著中國內陸貿易的山西和安徽的商人，也開始涉足海上貿易，像王直這樣的安徽商人，就在日本和東南亞留下了足跡。

徽州商人（徽商）主要從事食鹽、棉花、木材的銷售和典當業務，他們擁有雄厚的資金實力，但主要活動範圍是在華中和江南地區。一五六七年海禁解除後，直到清朝，徽商成了清廷的御用商人，在長崎購買銅料，然後退出了海上貿易。在一七五七年之後的廣東貿易體制中，政府指定的十三家代理商（公行）中，只有一家是徽商，其餘皆廣東商人。

隨著海禁的解除，徽商對海上貿易的興趣逐漸減退。到十六世紀末，從中國東南沿海到長崎、馬尼拉、馬六甲、泰國的貿易，主要由福建人、廣東人、葡萄牙人和日本人控制，廈門和泉州也因此繁榮起來。廈門除轉運江南地區的生絲和絲綢，還從四川和山西運來生絲，生產「倭緞」、也就是日本風格的絲織品，並將其出口到海外。日本和墨西哥的白銀，也流入了廈門。此外，胡椒和砂糖也成了利潤豐厚的商品。隨著這些商品的出現，亞洲內部貿易的性質，也有所轉變。

23 譯按：原書譯作小麥。
24 譯注：朱紈《甓餘雜集》卷二〈議處夷賊以明典刑以消禍患事〉，頁五十七下至五十八下，收入《四庫存目叢書》集部，第七十八冊，頁四十四。

清廷的殖民政策

天氣晴朗時，從福建海岸向外看，可以看到一百多公里外的臺灣山脈。一五四四年，葡萄牙人在往返於澳門、雙嶼島和平戶之間的海域貿易時，經過臺灣海峽。他們將臺灣稱為「福爾摩沙（美麗之島）」，但他們看到的臺灣東岸是懸崖峭壁。西海岸雖有狹長的平原，但沿海地區卻是沙洲，故放棄了殖民臺灣的想法。

當時由於人口飽和，面臨資源危機，福建的漁民、鹽工和走私商人，開始從金門遷到澎湖列島，並進入了臺灣島的西海岸。在一五六〇年代，也就是馬尼拉開港之前，倭寇首領林道乾、林鳳等人，將澎湖島和臺灣西海岸作為他們的基地。隨著一五六七年海上貿易的自由化，臺灣的港口成了連接中國大陸、婆羅洲、菲律賓、琉球和日本的航線上的停泊地和修船地。

但即使海禁解除，日本、西班牙和荷蘭的船，仍不能正式進入中國。一五九三年，豐臣秀吉曾多次派人到臺灣試圖占領，但都以失敗告終。一六二六年，西班牙人占領了基隆和淡水，但他們的統治也沒有持續多久。一六二二年，荷蘭人占領了澎湖島，但他們未能成功占領臺灣。同年，他們占領了臺南郊外的安平，並在一六二四年，在現在的臺南，建造了熱蘭遮城，此地在中國被稱為大員。其實在一六二一年，廈門人顏思齊和泉州人鄭芝龍，就已開始將福建和廣東的移民，送到臺南地區。故長期住在臺灣的幾百名荷蘭殖民者，就像孤島上的一小群人，周圍是原住民和大量中國移民。

荷蘭人除利用華人承包商、石匠、木匠、鐵匠等，建造城堡及其周圍的教堂，還為了獲得糧食供應和商品採購，優待來自中國的移民。為了讓移民定居，荷蘭人向他們提供生活費、牲畜和耕地，他們還從原住民手中奪取土地，分配給移民。後來臺灣生產的大米、砂糖、烏魚子等商品，被出口到中國大陸和荷蘭東印度公司控制的地區。原住民和華人獵人提供的鹿皮（製作武器的材料）和鹿角，也為荷蘭東印度公司帶來了豐厚的利潤。

臺灣的移民人口，從最初的幾千人，增加到一六六〇年的五萬人。在農民和商人中，也有一些領袖人物。他們對荷蘭人徵收的人頭稅感到不滿，於是在一六五二年，他們發動了叛亂。但荷蘭人聯合原住民，在半個月內就鎮壓了叛亂。

一六六一年，荷蘭人被鄭成功趕出了臺灣，在鄭氏統治臺灣的二十年（直到一六八三年被清軍征服）裡，臺灣的移民人口增加到十萬人，其中大都集中在以臺南為中心的西南部地區。由於鄭軍的駐地，遍布西海岸平原的南北要地，移民在他們的幫助下，得以深入原住民居住區。這些移民幾乎都是男性，他們中有許多是夢想一夜暴富的冒險家和出外謀生者。他們與其說是純粹的農民，不如說是經濟作物的種植者、獵人或走私商人。

一六八三年，清朝平定臺灣後，臺灣的粗獷民風和反清情緒並未消失。康熙帝感到十分頭疼，他一方面在臺灣駐紮了大軍，另一方面，將原住民分為「熟番」和「生番」。「生番」可以保留他們的居住地和狩獵地；「熟番」則可以擁有土地所有權，其首領被授予中國的官銜，並且免稅，但需進貢鹿皮。對於中國移民，則全面禁止新的移民，也不允許他們從原住民手中購買或租賃土地。這種可說是倒行逆施的現狀凍結政策，隨著臺灣由軍隊駐屯地轉變為殖民基地而逐漸瓦解。一七二一年，來自廈門地區的秘密結社首領朱一貴，在臺灣南部的高雄一帶，秘密組織移民叛亂，清廷花了一年半的時間才平定他們。

雍正帝繼位後，開始改革臺灣的政策。在臺灣定居的移民，可以將其妻子和孩子接到臺灣，也可從原住民手中租地。「熟番」則可根據部落的大小，獲得五百到二千公頃的土地，用於耕種和狩獵。乾隆帝進一步放寬了移民限制，並向沒有親屬在臺的移民申請者，發放了照牌（護照）。移民潮再次湧現，清廷也開始鼓勵和獎勵原住民中的精英漢化。隨著漢化的原住民上層階級的消費需求增加，他們開始將土地出售或出租給中國人謀利，土地分配制度也名存實亡。到一七七〇年代，基本形成了臺灣的移民、土地兼併和原住民同化的模式。

霧峰林家的根源

在臺灣西岸中部彰化縣境內，有一條叫做大肚溪的河流。其上游的一個叫做霧峰的小鎮，是臺灣最著名的家族之一——「霧峰林家」的發源地。這個家族的始祖，是一位膽大包天的年輕人，名叫林石。他從福建漳州靠近廣東邊境的一個偏遠貧困山村，赤手空拳來到了彰化。人類學家約翰娜・門采爾教授[25]根據大量資料，復原了林石移民的過程及其背景。他的經歷也展現了第一代、二代華僑移民的典型形象。

林石的家鄉平和縣，是個在清初才設立的縣，位於山區。當地人以同族為單位，聚居在山寨裡。各家族為爭奪土地，經常械鬥，甚至會借助秘密結社的力量。這與臺灣早期的移民情況非常相似。林石出生於一七二九年，其家鄉是莆平社第五寨市，家境尚算殷實，但在他童年時家裡遭遇災害，生活陷入困境。十歲時父母雙亡，他被送到祖母家撫養，並承擔了債務。由於他的家族原是從廈門的分支遷到平和縣的，故他一直夢想著到海外闖蕩一番。十七歲時他去過一次臺灣，但為了照顧祖母和兩個弟弟，不得不返回家鄉。

祖母去世後，林石隻身一人再到臺灣。當時清廷仍然禁止移民臺灣，他可能是得到了朋友、親戚或秘密結社的幫助，才得以偷渡。他首先來到臺灣彰化縣城，靠做高薪的臨時工，積累了一些資金。三年後，他將兩個弟弟也接到臺灣。他們在靠近大肚溪上游支流一個叫做大里村的開發村，找到了一塊土地，村裡有很多姓林的人，還有幾位來自漳州平和縣的同鄉。附近山區住著一個叫做安里族的原住民部落。林石的土地，似乎不是買來，而是非法佔有的。他用農業水溝將土地圍起來，作為與原住民的分界線；即使在耕種時，他也帶著武器。他的兩個弟弟還帶來了父母的遺骨，可見他們三兄弟已下定決心在臺灣定居。

25 譯注：Johanna Margarete Menzel Meskill。

林石三十一歲時娶了一位十七歲的陳姓女子為妻，兩個弟弟也相繼結婚。他們放棄了共同耕作，開始各自發展。到五十歲時，林石已擁有一百七十公頃土地，成為一位大地主。他將大部分土地出租給佃戶，自己則不再從事農業生產，而是開始與商人交易糧食。他所在的村莊是大肚溪上游的四大村莊之一，也是水路運輸的轉運市場。隨著他的成功，有了六個兒子和幾個女兒，長子林遜年僅十多歲時，經商和放貸的眼光經已遠勝他人，加上體力與度量皆過人的父親，二人合作，使得所有事務都井井有條。

但命運卻開始逆轉。原本已成為大地主和高利貸者的林家，突然被捲入了林爽文起義（一七八六至一七八七年）。這次起義與之前的朱一貴起義，並稱為臺灣三大民變。清廷平定這次起義，也被列為乾隆帝的十全武功之一。林爽文是秘密結社天地會的成員，他打著恢復明朝的旗號起義，故也可被視為民族主義的先聲，但其實這只是一場鄉黨之間仇殺事件的升級。當曾幫助移民成功的親族、鄰里、結社之間的聯繫轉為內鬥時，無休止的血腥復仇波瀾便開始蔓延。當時，臺灣的公共秩序尚未建立起來，移民主要來自漳州和泉州，還有少數來自廣東與福建交界的客家人。總的來說，泉州人主要住在沿海的港口城市及其周邊地區，漳州人主要住在內陸地區，客家人則被夾在漳州人和山區原住民之間。林家所在的大里杙一帶，以來自廈門腹地的漳州人為主，他們壓制著少數的客家人。但在大肚溪平原，則是以泉州人為主，平原上與海洋相連的要港鹿港，也是如此。故漳州人和泉州人，為爭奪農產品貿易的主導權而對立起來。令此事火上加油的，是官府偏袒泉州人，使得鄉黨層級的械鬥被視為叛亂，並視林爽文集團為反賊。

林石似乎是林爽文的遠房親戚，他支持林爽文，並將二十一歲的長子送回老家，在那裡購買了房屋和土地，但家鄉發生饑荒，他的長子在那裡去世了。由於無法將女兒們送回老家，林石只好留在臺灣。不久，清廷派大軍前來鎮壓，作為天地會的地方領袖，林石率領武裝部下保護天地會成員，並殺死了前來抓捕的官吏，還燒毀了客家人和泉州人的村莊。後來戰局逆轉，林石建成要塞的大里杙也被攻破。他逃到了鹿港，最終被捕入獄。後來他可能是通過賄賂官吏而獲釋，但不久就病逝了。

林家的剩餘成員，從藏身之處回到已成一片廢墟的大里杙，只剩下林石的妻子陳氏、四個年幼兒子、未婚女兒、長子的妻子和兩個孫子。在陳氏領導下，林家第二代才得以重建家園。儘管陳氏與長媳黃氏不和，但她還是將僅存的一點家產，分給了黃氏的兒子。黃氏的後代遷到了西南部的霧峰，後來成了臺灣最著名的家族之一。林石的次子成了一名海商，但英年早逝；三子和六子，遷到了附近的山腳下成為農民，在兩代人的時間裡，他們成了地主，開始種植甘蔗、花生和樟樹。四子則在北部的太平鎮成為富商。最終，以霧峰和太平為中心的林氏家族，在大約五十年的時間裡，恢復了林石生前的財富，重新成了「土豪」階層。

3 變化與同化的諸相

泰國華僑的例子

跟臺灣的移民潮是邊疆運動最前沿一樣，長期以來，人們經常對比泰國和爪哇的華僑，以研究華僑在海外的同化模式。這兩個地區，都接納了四百萬左右的華僑，但仔細觀察就會發現，兩地形成的華僑社會性質互有相當大的差異。

華僑與泰國的接觸，始於十三世紀。當時，主要來自福建的海商和政治難民，開始遷到馬來半島的底部，也就是泰國南部和東南部，並在那裡與當地人通婚，產生了混血後代「Luk Khrueng」。另一方面，泰國的政權也經歷了素可泰王朝（一二五七至一三五〇年）、阿瑜陀耶王朝（一三五〇至一七六七年）、吞武里王朝（一七六七至一七八二年）和卻克里王朝（一七八二年至）的更替，其首都也從昭披耶河（湄南河）上游，遷到了中游和下游。雖然泰國華僑史上的重要時期是卻克里王朝，但華僑在泰國王室和社會中的基礎，卻是在阿瑜陀耶王朝時期就奠定了。

為甚麼泰國是華僑的樂土呢？泰國和華南地區的氣候相似，都以魚和大米為主食。信仰小乘佛教的泰國人，對華南地區融合了大乘佛教和道教的信仰，也沒有甚麼排斥心理。這些都是重要的原因，但最重要的原因，還是泰國的社會環境。

泰國社會的等級制度森嚴，王室和官僚貴族位於社會上層，自由民和奴隸位於社會下層。自由民大多是農民，但他們並不擁有土地，而是世代依附於泰國的精英階層，奴隸也屬於某個個人精英或團體，自由民和奴隸，都需為精英階層服勞役和參軍。阿瑜陀耶王朝時，泰國人口約四百五十萬。在這種等級制度下，保護者與被保護者之間的關係，才是最重要的。家族的延續和發展，則被放在次要位置。泰國人重視自給自足的農業，對工匠、服務業、商人，以及與這些職業相關的旅行和遷徙，都不感興趣。華僑就是在這種社會環境下，被泰國社會接納的。

雖然華僑也大多來自農村，但他們原居的農村已經部分城市化。從十八世紀後半葉到二十世紀中葉約一百五十年間，福建的耕地面積增加了一點七倍，廣東的耕地面積增加了一點六倍，但人口方面，福建從大約一千二百萬增加到一千三百萬，廣東則從大約一千六百萬增加到三千四百萬。福建人口的停滯，並不意味著他們生活富裕，增加的耕地，大多是種植從菲律賓引進的甘薯等作物的山地。不久後，廣東也面臨了土地不足的問題（詳見一一三頁）。

在福建和廣東，出外謀生、種植經濟作物、成為商人或工匠、藝人等，都是很常見的現象。這也是維持家族延續和發展的必要手段，他們不僅努力賺錢，如果能進入精英階層，更可以獲得穩定的生活，並實現家族的繁榮，這才是最終目的。當他們將目光投向海外時，泰國社會就成了他們理想的移民目的地。

阿瑜陀耶王朝的後半期，相當於日本朱印船的南蠻貿易時期，也就是東南亞海上貿易的繁榮時期。位於湄南河中游的阿瑜陀耶，是一個重要的商品集散地，木材、蘇木、沉香、鹿皮、錫、鉛、大米、胡椒、印度花布，以及中國的瓷器和絲綢，都在此交易。在唐貨主導貿易的這個時期，泰國與中國保持正常的官方外交關係。泰國國王沒有自己的大型商船隊，而是將資金交給華商，進行委託貿易，在王室貿易的庇護下，華商成功地抵禦了來自日本、荷蘭和法國的挑戰。當時，泰國南部，如北大年、洛坤府等地，有五、六千名華僑，阿瑜陀耶有三、四千名華僑。在阿瑜陀耶的王宮附近，形成了一個繁華的唐人街。在城東南的郊外，也有一個唐人街，那裡居住著商人、貿易商、工匠、養豬戶和藝人。據說，泰國王室還經常邀請華人藝人表演，並聘請中醫為御醫。

明朝滅亡後，到泰國的移民越來越多。潮州人（來自廣東和福建交界處）遷到了泰國東南部，福建人遷到了泰國南部。來自廣東三角洲[26]和海南島的移民，以及潮州山區的客家人，也紛紛來到泰國。

阿瑜陀耶王朝的末期，柬埔寨從東部，緬甸從西部，不斷入侵泰國，這也可謂是王室貿易利益所招致的國難。一七六七年，阿瑜陀耶被緬軍攻陷，鄭信（達信）率軍抵御緬甸，並遷都到吞武里（曼谷附近），建立了吞武里王朝。他是一位華僑，其父是潮州移民鄭達（鏞）。鄭達來到阿瑜陀耶後經營賭場，並被授予了「坤帕」的貴族頭銜。他與一位名叫諾央的泰國女性結婚，生下鄭信。鄭信在泰國貴族家庭中長大，除了泰語，還會說中文、馬來語和安南語。他被任命為達府的府尹，[27]負責抵抗緬軍，但他戰敗，被迫逃至泰國東南部。在那裡，他得到潮州人的支持重整

26 譯按：珠江三角洲。
27 譯按：一說為副府尹。

軍隊，並在阿瑜陀耶的決戰中，擊敗了緬軍，登上了王位。在新首都曼谷的王宮前，也就是塔昌地區，形成了一個大型的華僑聚居區，而拯救了泰國的鄭信同鄉——潮州人，也被稱為「皇家華人」，其勢力也迅速擴大。後來鄭信被廢，昭披耶・卻克里將軍登上了王位（拉瑪一世）。這兩位國王都曾遣使向清朝朝貢，並與清朝保持密切的官方外交關係。卻克里王朝的歷代王妃和嬪妃中，也有一些是來自上層華僑家庭的女兒。

定都曼谷後，湄南河廣闊的三角洲濕地，迅速變成了大米和甘蔗的種植園。早在一七二二年，雍正帝就曾下令運泰國大米到北京，而泰國的砂糖和胡椒，在中國也有很大的市場。之前由於貿易和運輸的便利，福建人以及廣東三角洲的人，一直是泰國華僑的主要群體，但到了卻克里王朝，潮州人開始在泰國北部和中部，壟斷了經濟作物種植和王室貿易，海南人和客家人則開始從事林業和棉花種植，廣州人和福建人則將移民目的地，轉移到了馬來半島，也就是現在的馬來西亞。

到了十九世紀，泰國華僑的情況發生了重大變化。隨著蒸汽船的出現，移民人數迅速增加，香港成了移民的主要出發地，拉瑪四世（蒙固王）和拉瑪五世（朱拉隆功王）時期的社會經濟改革，也加速了華僑的定居。這些內容，將在下一章中介紹。

爪哇的土生華人（Peranakan）社會

與泰國一樣，在十七、十八世紀移民到菲律賓、馬來西亞和爪哇的華僑，主要來自福建南部的廈門和泉州地。他們通常被稱為閩南人，講閩南語。雖然也有一些廣東人，但他們在人數上遠不如福建人，而且他們大多來自廣東東部的潮州、梅州和惠州等地，這些地區與福建接壤。這些以閩南人為主的移民，在泰國、柬埔寨和越南，都能在一至二代人的時間裡，融入當地社會；但在菲律賓、爪哇和馬來西亞，他們卻形成了半中國、半當地風格的混合社會階層，分別被稱為麥士蒂索人、土生華人和峇峇娘惹人。這種現象在十八、十九世紀尤為明顯。這種混血和文化融合的現象，被稱為克里奧化（creolization）。

這些半同化的華人，雖然在當地人口中只占少數，但他們建立了比往來的移民更穩定的社會，且由於他們掌握了大量財富和經濟實力，故在當地社會中非常引人注目。以擅長比較分析東南亞華僑社會的施堅雅先生[28]的研究為代表，越來越多學者開始將十八、十九世紀的華僑問題，與克里奧化現象聯繫起來研究。

十六世紀，爪哇島上的馬打蘭海上王國，正處於鼎盛時期，在爪哇經商成功的華僑，往往娶當地女子為妻，並至少在名義上皈依伊斯蘭教，然後定居當地。就像泰國的華僑一樣，他們也會通過承包稅收等方式為王室服務。伊斯蘭教要求信徒進行割禮和遵循伊斯蘭教的婚姻習俗，這與菲律賓的天主教一樣，從長遠來看，都促進了華僑的同化，而且當地的統治者，也為華僑提供了出人頭地的機會。

打破這種局面的，是十七世紀初荷蘭東印度公司的來臨。到十八世紀中葉，馬打蘭王國一分為二、逐漸衰落，失去了權威。荷蘭東印度公司將其統治下的人民，分為「外來東方人」和「土著居民」，並在法律和身分上區分他們。對於華僑，荷蘭人會將那些有聲望和財富的人，任命為以甲必丹為首的官員，負責管理食鹽倉庫、海關、當鋪和賭場，並從中獲取利潤。在這個由白人主導、只允許人們追求財富的畸形體制下，華僑為了獲得更好的機會，只能選擇次優方案，那就是努力經商致富。由於當時移民到東南亞的華人女性很少，故華人男性大多與馬來女性通婚，形成了一個被稱為土生華人的混合社會。這種現象在一七四〇年巴達維亞華僑大屠殺（巴達維亞事件）後，變得更明顯。雖然土生華人在當地人口中只占百分之一左右，但其財富和社會地位，卻遠超菲律賓的麥士蒂索人（十八世紀，麥士蒂索人占菲律賓人口的百分之五）。

28 譯注：G. William Skinner, 1925-2008.。

土生華人使用混合了閩南語和馬來語的語言，男性使用中國姓氏，他們也會編纂族譜。房屋的建築風格，也是帶有中庭的中國式建築。但仔細觀察就會發現，他們在祭祖、結婚、婚後居住地、遺產繼承等方面，採用的是父系和母系混合的雙系制，其飲食和服裝，也融合了中國和馬來西亞的風格，尤其是女性，更喜歡穿著爪哇服飾。土生華人家庭中，很少有穆斯林；而華人移民中常見的會館，也很少見。

他們能與土著居民區分開來，並逐漸成為荷蘭人剝削的幫凶，是在一八三〇年荷蘭東印度公司實施強制種植制度，以及荷蘭政府直接統治爪哇、也就是殖民地經濟從商業資本主義，轉向工業資本主義的時期。一方面，荷蘭人通過「短期旅行證」和「指定居留區」的政策，將爪哇農民限制在農村地區；另一方面，他們又將經濟作物、尤其是鴉片的收購和徵稅（占整個殖民地收入的一半），承包給了土生華人。爪哇農民既是鴉片的生產者，也是鴉片的消費者。土生華人從西方商人那裡獲得貸款，並在流通環節中設立了代理店，建立了一個龐大的保護和信用網絡。

但到十九世紀，隨著爪哇種植園的擴大，以及對勞動力的需求增加，來自華南各地的移民，也就是所謂「新客」（廣東話稱為「新旗」），開始大量湧入爪哇，華人女性移民也開始增加。這些作為勞工來到爪哇的移民，主要在農村工作，或從事小販、零售店老闆、農園管理員等工作。他們屬於社會的底層，其中也有人通過努力，積累了一定的財富，並成為土生華人的女婿。但大多數人仍活在土生華人的陰影下，並與他們產生了矛盾。在當地娶了華人女性的「新客」，形成了以中華文化主導的「土著化」（totok）社會階層，隨著其實力增強，他們開始超越土生華人。這種土著化趨勢，也出現在馬來西亞和菲律賓。

馬來半島的峇峇娘惹社會

馬來半島的統治者，先後經歷了葡萄牙人、荷蘭人和英國人的更替。英國人在一七八六年到一八二四年間，占領了馬六甲海峽沿岸的一些重要港口，並將其命名為海峽殖民地。在這過程中，海峽殖民地、也就是馬六甲、檳城和新加坡，也成了華僑的據點。華僑也與當地女子通婚，形成了峇峇娘惹社會。

荷蘭人在一六四一年占領馬六甲後，開始招募華人移民，到十八世紀中葉，馬六甲的華人人口達到了二千多人，占總人口的五分之一。當他們積累了一定的財富後，就會娶當地女子為妻，形成了一個混合社會，並成為華人社區的統治階層。一七八六年，英國人占領了檳城。一七九五年，英國人從荷蘭人手中奪取了馬六甲，馬六甲的峇峇娘惹人，開始遷到檳城。一八一九年，新加坡成為英國殖民地，馬六甲的峇峇娘惹人，又遷到了新加坡。十九世紀中葉，由於峇峇娘惹人大量遷移，馬六甲的華人人口一度減少，當時馬六甲有四千名生於中國的華人，六千名峇峇娘惹人；檳城的峇峇娘惹人，從十九世紀初的九千人，增加到十九世紀末的二萬三千人；新加坡的峇峇娘惹人，從一八二三年的不到一千人，增加到一八九一年的一萬六千人。到十九世紀九〇年代，整個海峽殖民地的峇峇娘惹人，達到了五萬人，占總人口的十分之一。可見，峇峇娘惹人在馬來西亞的影響力很大。

峇峇娘惹人大多是富有的商人或貿易商，他們幾乎壟斷了馬六甲市中心的商業區，並在那裡建造了店鋪和住宅。由於他們富有、教育程度高，故在當地社會中，也有很大的影響力。峇峇娘惹人還會說一些西方語言，他們將閩南語和馬來語混合在一起，形成了一種混合語言。這種語言不僅在海峽殖民地，而且在後來的馬來西亞聯邦境內，都被廣泛使用，成了商業通用語。雖然在十八、十九世紀，大量華工從中國大陸湧入馬來半島，但在實力和人數上，峇峇娘惹社會仍然超過了來自中國大陸的勞工。為甚麼呢？人類學家斐利民先生認為，這是因那些在馬來西亞取得成功的移民，最終都被峇峇娘惹社會吸收了。

在馬六甲港，也就是舊荷蘭城堡對面的河口附近，沿著海岸線，有三條平行的街道，可謂峇峇娘惹人的商業中心。每家店鋪的門面，都與日本的商店差不多寬，但店鋪的招牌卻非常有氣派。與京都的町屋一樣，店鋪的後院可以一直延伸到後面的街道，店鋪的深度，相當於四、五家店鋪的門面寬度，店鋪內部還有天井，只有走進去，才會發現這是一座豪宅。在這些街道上，除綢緞店、財務公司、家具店等，還有一家「峇峇娘惹博物館」，通過展覽和解說，向人們展示峇峇娘惹商人過去生活。博物館的招牌上，寫著「土生華人之家」。博物館裡展出的家具、餐具、服裝以及房屋的佈置等，都融合了中國和馬來西亞的風格。在這商業區還有一些同鄉會的會館，在稍遠一些的商業區，則有一些碼頭苦力同業公會的會館。這些會館可能是峇峇娘惹社會的全盛時期過後才出現的。馬六甲最古老的寺廟青雲亭，也位於這商業區。這是一座典型的福建寺廟，從寺廟的捐贈者名單和歷史記載來看，廈門和泉州的成功商人是寺廟的主要捐助者，但毫無疑問，峇峇娘惹社會才是這座寺廟的主要維護者。

英國人將來自蘇門答臘的馬來人移民，視為土著居民，但對於已在馬來西亞定居數代的峇峇娘惹人，則規定只有那些使用中國姓氏，並且沒有皈依伊斯蘭教的人，才被視為土著居民。但所有在海峽殖民地出生的人，都被視為英國臣民，他們可在海峽殖民地的任何地方居住和旅行，英國人也沒有限制不同種族之間的通婚。所有當地居民，都享有宗教信仰和生活習俗的自由。故在伊斯蘭教影響力很大的馬來西亞，皈依伊斯蘭教，成了「馬來人性」的象徵，這也促使了華人向峇峇娘惹人轉變。

另一方面，與爪哇和菲律賓一樣，從一八三〇年代開始，英屬馬來亞的殖民地，也被納入了國際經濟分工體系，胡椒、兒茶[29]（染料）、西米、木薯的種植園，以及錫礦的開採，開始蓬勃發展，鴉片的收入也大幅增加，最終加速了峇峇娘惹社會的發展。但到十九世紀末，隨著「新客」的人數急增，峇峇娘惹人的混合語言，被閩南語取代，成了海峽殖民地的商業通用語，峇峇娘惹社會的文化，也開始衰落。

29　即甘蜜（Gambier）。

菲律賓的麥士蒂索人

正如泰國、印尼和馬來西亞的華僑，在各自不同的歷史背景下，形成了不同的發展模式一樣，菲律賓的華僑也走上了一條獨特的發展道路。菲律賓的棉蘭老島由於開發較晚，而且伊斯蘭教的影響力較大，故情況有所不同（鶴見良行說）。在長達幾個世紀裡，西班牙人將菲律賓作為海外貿易的基地，同時他們也積極推行天主教和西班牙文化，其主要活動範圍是呂宋島，並在那裡產生了一個特殊的社會群體——麥士蒂索人，尤其是華裔麥士蒂索人。

一六〇六年左右，菲律賓的總人口只有六十二萬，但到一八一〇年左右，已增致二百五十三萬，是之前的四倍。其中，西班牙當局所說的「土著居民」，包括現在的菲律賓人、馬來人以及在當地出生的其他民族，約二四十萬人；「白人」包括西班牙人和西班牙裔麥士蒂索人，有四千人；華人有七千人；華裔麥士蒂索人有十二萬人（占總人口百分之五）。在一七五〇至一八五〇年的菲律賓經濟快速增長時期，人口幾乎翻倍。到一八五〇年左右，菲律賓的總人口達到五百萬，其中，「低地土著居民」有三百七十萬人，「山地土著居民」（未被西班牙人統治）有一百〇三萬人，「西班牙人」有五千人，「西班牙裔麥士蒂索人」有二萬人，「華裔麥士蒂索人」有二十四萬人，「華人」有一萬人。雖然華裔麥士蒂索人的人口比例只有百分之四，但他們在某些地區的人口密度很高。一八〇〇年左右，在呂宋島中部的內湖省（Laguna）和巴丹省（Bataan），華裔麥士蒂索人占總人口的百分之十五，在布拉幹省（Bulacan）和邦板牙省（Pampanga），則分別占總人口的百分之十一。到一八五〇年，在呂宋島的偏遠地區，也出現了一些以華裔麥士蒂索人為主的城鎮，甚至在棉蘭老島的部分地區，也出現了華裔麥士蒂索人。

那為何華裔麥士蒂索人的人數不斷增加呢？首先，來到菲律賓的西班牙殖民者，將當地居民分為三類：華人被視為商人，土著居民被視為農民，華裔麥士蒂索人則被視為介於兩者之間的群體。西班牙人的徵稅理念，是向華人徵收金錢，向土著居民徵收勞役，故將居民分為A類（免稅）和B類（納稅），A類包括「西班牙人和西班牙裔麥士蒂索人」，B類包括「土著居民」、「華人」和「華裔麥士蒂索人」。另一方面，在遷徙、擁有財產和參與市政管理等權利方面，西班牙人又將B類居民分為兩類：華人沒有這些權利，而土著居民和華裔麥士蒂索人，則享有這些權利。西班牙人在馬尼拉設立「帕里安（澗內）」華僑居留區，就是為了限制華人的活動範圍。

西班牙人還制定了法律，強制將居民按種族進行分類，其中最重要的標準是父親的種族身分。如果父親是華人，母親是土著居民或麥士蒂索人，那麼其孩子，就會被歸類為華裔麥士蒂索人，而且其後代也會被一直歸類為華裔麥士蒂索人。如果麥士蒂索女性，嫁給了華人或麥士蒂索男性，那麼她本人和她的孩子，仍然會被歸類為麥士蒂索人。但如果麥士蒂索女性，嫁給了土著男性，那麼她本人和她的孩子，就會被歸類為土著居民。也就是說，只有麥士蒂索女性，才能改變自己的身分。只要這項法律繼續存在，無論個人的文化認同如何，麥士蒂索人的人數，就會不斷增加。

儘管如此，人們仍可通過其他方式，改變自己的身分。如菲律賓獨立運動領袖黎剎，就是第五代華裔麥士蒂索人。他的父系祖先是一位名叫多明戈．拉姆科的天主教徒。多明戈與一位華裔麥士蒂索女性結婚，其兒子和孫子，也都娶了華裔麥士蒂索女性。黎剎的祖父成了一位富豪，並在稅收登記簿上，將自己的身分從麥士蒂索人，改成了土著居民。故黎剎之父和黎剎本人，也都被歸類為土著居民。

西班牙人這種人口分類，是一種典型的分而治之的策略，但與其他東南亞殖民者不同的，是西班牙人狂熱地信仰天主教，希望將所有菲律賓居民，都改信天主教。故作為允許通婚的前提，西班牙人要求土著居民和華人，都必須信奉天主教。也就是說，西班牙人在菲律賓實行的是宗教一元化政策。這也使西班牙人對通婚，採取了更靈活的態度，種族分類，也變得不再那麼僵化。雖然西班牙人為了限制華人與他們在海上貿易中競爭，而嚴格限制華人入境，但住在菲律賓的華人，也開始自願地融入到更自由，而且通常更富裕的「麥士蒂索人」階層，並放棄了中國姓氏。故到十九世紀，麥士蒂索人，幾乎就成了華裔麥士蒂索人的代名詞。

一五九四年，西班牙人在馬尼拉城堡對岸，建立了一個叫做岷倫洛（Binondo）的城鎮，作為推行天主教的試驗地。總督將土地分給一些有影響力的華商和工匠，讓他們共同管理這城鎮，並鼓勵他們受洗和改信天主教。這些華商和工匠，可以永久租用土地，免除稅收並享有自治權。到了十七世紀，岷倫洛的天主教徒，已超過五百人。他們將土地出租給後來遷到這裡的土著居民，並成立了一個由華人和麥士蒂索長老所組成叫做「gremio」的議會，負責管理城鎮事務。附近的聖克魯斯村（Santa Cruz），也是以同樣的方式建立起來的。

從十八世紀中葉開始的一百年，菲律賓的經濟隨著海外市場的擴大而快速增長，麥士蒂索人的社會地位，也逐漸穩固。雖然西班牙的殖民政策，仍以外貿為主，但西班牙總督和地方官，也開始重視邊疆的開發、呂宋島與其他島嶼之間的交通，以及國內商業的發展。控制著菲律賓國內商業的，是土著精英、華裔麥士蒂索人，以及人數較少的未皈依天主教的華人。其中，華裔麥士蒂索人，因為住在土著居民附近，瞭解當地語言，熟悉當地情況，而且擅長批發和零售業務，故在國內商業中，佔有重要的地位。他們利用西班牙人提供的經濟機會，開墾水田、經營倉庫和商行，並從事水上運輸。他們控制了從馬尼拉到內陸地區的進口商品的銷售，以及從內陸地區和其他島嶼到馬尼拉的商品的採購。一八二〇到七〇年，菲律賓經歷了從自給自足的自然經濟，向出口經濟作物經濟轉型的浪潮。煙草、靛藍、砂糖、蘇木、大米、麻、皮革、蜂蠟等，都被出口到海外；歐洲的工業產品，也開始在菲律賓找到了市場。過去，從墨西哥運來白銀，並從中國商船上購買唐貨的蓋倫帆船，在十八世紀末變為皇家菲律賓公司（Real Compañia de Filipinas）的商船，繼續從事進出口貿易，但控制著菲律賓國內商品流通的，卻是華裔麥士蒂索人。

4 日本華僑的輪廓

歷史的重量

現在讓我們暫停一下，看看日本華僑的起源和特點。本書的一個目的，是向讀者展示在不同的歷史時期，以及不同的國家和地區華僑的生存方式，都存在著細微差異之事。通過對不同部分之間的比較，及與自身經驗知識的結合，可以使我們對華僑有更深入的瞭解。

目前北美華僑約有一百萬人。雖然他們是亞裔中的最大群體，但在北美總人口中，只占千分之四左右。在日本，來自朝鮮半島的移民，占了絕大多數。在日華僑的人數和比例，都只有北美的十分之一左右。雖然在長崎、神戶、橫濱，都有唐人街，大阪也有華人聚居區，但與紐約、舊金山、多倫多、溫哥華的唐人街相比，日本唐人街的規模要小得多。與新加坡、曼谷、檳城、馬六甲等地唐人街相比，更是相形見絀。

但不可否認的是，即使規模和數量不同，我們大多數人都對華僑的存在，有著一種特殊的親切感。這是因在漫長的歷史中，我們積累了一些與華僑相關的經驗知識，深深地影響著我們對華僑的看法。對於來自朝鮮半島的移民，也是如此，但這裡我們只討論華僑。

即使不考慮大眾媒體的影響，以及體育無國界之事，但王貞治教練仍被公認為日本的國民體育英雄。這與江戶時代來到日本的中國名醫、名僧、名畫家、武術高手，以及後面將要介紹的唐通事（翻譯）等，在當時人們心目中的地位，有著相似之處。通過暢銷書作家陳舜臣先生的《中國歷史》，以及華僑研究專家戴國煇先生和游仲勳先生等人的《華僑論》等著作，我們可以感受到一種全新的視角，以及一種宏大的國際視野。這與過去長崎和其他藩國的中國文人所扮演的角色，也有著異曲同工之妙。

在東京的日本橋，有一家歷史悠久的和菓子店，叫做「塩瀬」，他們以小型的山藥饅頭等點心而聞名。這家老店的祖先是從京都遷到江戶的，但其遠祖則是中國北宋（九六〇至一一二七年）時期，住在杭州西湖邊的著名文人林逋（林和靖）的後裔林淨因。他來到了奈良，將山藥饅頭的製作方法傳到了日本，並在那裡建立了家業。正如前面提到日中之間的交流，可以追溯到九世紀，隨著「唐船」海上活動的興盛，人員、物資和訊息的往來，也變得越來越頻繁。唐船的航行，通常不是往返航行，而是一種巡航式的航行，每五年進行一次小修，每十年進行一次大修。此外，他們還需要等待順風，故一次航行通常需要五到十年的時間。這就導致了唐船在靠港時，需要長時間停留，故除了船員，船上還會搭載貿易商、貨主代理人、批發商派來的採購員、商品鑒定師、倉庫管理員，以及船匠、廚師、工匠、藝人、醫生、僧侶、道士、僕人，有時甚至還有學者和文人等。其中，高僧、學者和政治流亡者（例如開創水戶學的朱舜水）等人的事跡，更容易被記錄下來。

從歷史上看，唐船來到日本的次數，在十七世紀開始增加，這相當於日本的德川家康到德川吉宗時代，中國的明末到康熙年間。當時，日本需從中國進口生絲、絲綢、棉布和砂糖，而中國則需從日本進口金銀，以及後來的銅，雙方形成了一種國際分工。儘管清廷為了平定三藩之亂（一六七三至一六八一年），以及鄭芝龍、鄭成功父子的勢力，實施了遷界令，即海禁政策（一六六一至一六八三年），但每年仍有二、三十到將近一百艘的唐船，來到平戶和長崎。在遷界令解除後，唐船的數量急增，並在一六八八年（元祿元年）達到了一百九十三艘的頂峰。這一年來到長崎的唐人，竟然達到了九千一百二十八人。日本已在一六三九年開始實施鎖國政策，但唐人仍可來到日本，他們會被安排在長崎不同的區域住宿。

翌年的一六八九年，長崎設立了「唐人屋敷」，占地六千九百五十坪（後來擴建到九千四百三十三坪）。雖然唐人的倉庫仍設於新地和廣馬場，[30]但其日常生活則被限制在唐人屋敷內。在此期間，為了禁止基督宗教，日本人將唐人按同鄉關係編入不同的禪宗寺廟，並讓他們擔任中國的同鄉福利自治團體——「會館」和「公所」的負責人。在之前的一六二三年，來自南京口和寧波口的唐船、即「口船」的三江幫（來自江南的浙江、江蘇和江西的商人），建造了興福寺（南京寺）；一六二八年，來自泉州港和漳州港一帶的唐人，建造了福濟寺（泉州寺、泉漳寺）；一六二九年，來自福建福州港一帶的唐人，建造了崇福寺；一六七八年，來自廣州一帶的唐人，建造了聖福寺。「奧船」、即來自東南亞的船，實際上也大多是福建人和廣東人的船。雖然日中兩國沒有正式的外交關係，但來到長崎的唐船，就像荷蘭船一樣，需要通過通事，提交詳細的「風說書」、即情報報告。通過這些報告，以及唐寺的紀錄等，我們可以大致瞭解唐人的活動情況；但要瞭解唐人在日本社會中的生活，就需要研究唐通事的家系。

唐通事的家系

長崎華僑史專家宮田安先生曾寫過一本《唐通事家系論考》。唐通事分為大通事、小通事、稽古通事、見習通事等，其等級森嚴。此外，還有負責越南事務的東京通事。唐通事的職位是世襲的，他們會娶日本女子為妻，招募女婿，並形成了一些分支家族。從貞享年間開始，唐船的入港數量，被嚴格限制在七十艘、三十艘、十艘等，但另一方面，唐船的規模卻越來越大。由於中國船與荷蘭船一樣，都是官方認可的貿易船，故唐通事的地位很高，其中一些地位較高的家族，甚至被視為文化人、知識人和富人，在明治維新後，有些家族還被列入了士族。

十七世紀初，一位名叫馮六的通事，娶了一位平野家的女兒，改姓平野。其第

30 譯注：俱今長崎市內地名。

六代後裔，成了唐通事的首領。來自福建漳州（廈門地區）的醫生陳沖一，原本在島津家做醫生，後來成了唐通事，他以陳姓的發源地河南的穎川郡，為自己的日本姓氏。其長子道隆（藤左衛門，也稱為吉三衛門）成了大通事。道隆還是福濟寺的創建者、悟真寺的重建者，以及眼鏡橋的建造者。他家的第二代是從漳州葉家招募來的女婿，第七代後裔，則成了臺灣總督府法院的翻譯。來自福州，途徑平戶來到長崎的劉一水，其家族也是名門望族。他們以劉姓的發源地江蘇徐州的彭城，為自己的日本姓氏，將「彭城」讀作「さかき（Sakaki）」。另一位來自福州福清縣的通事俞惟和，其家族也出了幾位大通事。他娶了一位河野家的女兒，並以俞姓的發源地河北的河間，為自己的日本姓氏。另一位來自福清的東京通事魏熹（五平次），其家族則以魏姓的發源地河北的鉅鹿，為自己的日本姓氏。

還有漳州人歐陽雲台的家族，改姓陽；紹興人徐家的家族，改姓東海；四川人張家的家族，改姓清河；福州人馬家的家族，改姓中山；江南南京人的熊家，改姓為神代。當然，也有一些家族保留了其中國姓氏、如周、薛、盧、鄭等。這些通事的家族枝繁葉茂，在明治維新後，他們遷到日本各地，尤其是大城市。其中一些家族，還出了一些學者、醫生和企業家等（即使不是通事，也有一些家族，可以追溯到明治維新之後，例如神戶的鉅賈吳錦堂，將在第四章第三節中介紹）。

第三章

大量出國的時代——十九世紀後半葉到二十世紀中葉

圖十　中國建造的第一艘蒸汽船黃鵠號（全長十八米，速度六節）。

1 在勞動力需求高漲中

荷蘭殖民地的狀況

荷蘭人統治印尼的歷史，可以分為一六〇二年到一七九八年的「荷蘭東印度公司經營時期」（即「貿易時代」），及一七九九年到一九四九年的「荷蘭政府直接統治時期」。荷蘭政府直接統治時期，又可以分為三個階段：十九世紀上半葉的「強制種植時期」、十九世紀後半葉的「私人企業種植園時期」，以及二十世紀的「綏靖政策時期」。荷蘭人統治的範圍，包括了爪哇島、馬都拉島，以及被統稱為「外島」的蘇門答臘島、婆羅洲島、摩鹿加群島等。需要注意的是，對華人勞工的需求主要是在十九世紀後半葉，而且主要集中在外島。

正如前面提到的，在「荷蘭東印度公司經營時期」，荷蘭人的主要目標是控制香料群島及爪哇島北岸的要港，並壟斷這一海域的南北和東西向貿易。對於未開發、人口稀少的外島，荷蘭人只是占領一些港口以控制沿海貿易。後來隨著荷蘭人開始在巴達維亞附近的內陸地區種植甘蔗，他們也從商人變成了地主（鶴見良行說），他們將印度的棉布和鴉片運到爪哇，並將爪哇的大米運到摩鹿加群島的香料種植園。除了開採蘇門答臘和婆羅洲的金礦、蘇門答臘島附近的邦加島的錫礦以及石油，荷蘭人開發的重點是農產品。他們首先開發了爪哇島，然後是蘇門答臘島的內陸地區。最初，他們鼓勵當地人種植大米、甘蔗、靛藍、咖啡、胡椒等。但從一八三〇年起，荷蘭人實施了強制種植制度，要求農民將耕作面積的兩成，用於種植咖啡、靛藍、煙草、茶葉等出口作物。

爪哇島的內陸地區，是一個歷史悠久的水稻種植區，人口稠密。在荷蘭人的強制種植制度下，爪哇農民開始從自耕農，淪為雇傭勞工。十九世紀中葉之前，印尼華僑中的三分之二都住在爪哇島，他們大多來自廈門地區，也有人住在蘇門答臘島西部。當時，印尼形成了這樣一種社會等級制度：白人位於社會上層，華僑作為商人或中小型的種植園主，位於社會中層，爪哇農民則位於社會底層。這是一種典型的分而治之的殖民統治模式。雖然華商也從中國運來了一些華人農園勞工，但人數有限。

一八四九年，荷蘭人的強制種植制度遭到批判，於是被私人企業的種植園所取代，這些種植園主多是白人。按照引進時間的先後順序，他們種植的作物分別是咖啡、甘蔗、煙草、茶葉、金雞納樹、油棕櫚、椰子，以及十九世紀末引進的橡膠。為了發展這些與世界市場接軌的經濟作物，外國資本開始大量湧入印尼。土地在外島比較容易獲得，但外島地廣人稀，而且開發程度很低。印尼的人口從十九世紀中葉起快速增長，其中廣東移民，扮演了重要的角色。到一九三〇年代，印尼華僑中有一半住在爪哇島，另一半住在外島。福建人主要住在爪哇島和蘇門答臘島西部，從事商業活動，他們大多住在城市。在外島，有百分之三十的華僑住在農村。潮州人主要住在蘇門答臘島東部、廖內群島和婆羅洲西部，他們在種植園工作，並從一九一〇年左右開始轉向商業。客家人主要在邦加島（Bangka）的錫礦和婆羅洲西部的金礦工作；也有人遷到了西爪哇的巴達維亞地區。廣州三角洲的移民人數雖然不多，但他們擁有雄厚的資金實力和先進的技術，主要住在爪哇島的中部和東部、婆羅洲東部、邦加島和蘇門答臘島中部。

外島的種植園之所以能迅速發展，是因大量廣東移民以「契約移民」的形式來到印尼。他們在苛刻的條件下工作，以償還船費和三年的工資。如在勞動力需求最大的蘇門答臘東岸省，[31]從十九世紀末到一九三〇年，有大約一百萬名來自汕頭的移民。雖然荷蘭人在殖民統治的末期，即二十世紀中葉，開始實施綏靖政策，並開始建設鐵路、道路、港口、學校、醫院等公共基礎設施，為印尼的現代化留下了一些有益的遺產；但他們在實施自由貿易和自由勞動方面，卻步履蹣跚，為印尼留下了嚴重的後遺症，而這些後遺症存在至今。對於華僑，尤其是廣東移民來說，印尼的生活環境，比泰國差得多。無論他們如何努力工作，都無法進入白人壟斷的精英階層。在爪哇島，他們被禁止進入農村，旅行也受到限制。

直到二十世紀，隨著中國女性移民人數的增加，華人男性才開始與華人女性結婚，減少了與當地人通婚的現象。但由於伊斯蘭教的影響，以及華人被限制在城市居住的政策，導致華人長期處於半同化的狀態。也就是說，他們既沒有放棄中國姓氏和祖先崇拜，又接受了爪哇服飾、爪哇美食和西式建築，甚至有一些人能清楚記得十三代前移民到印尼的祖先。這些半同化的華人，被稱為「土生華人」（Peranakan）。他們與爪哇人，有著明顯的區別。從十九世紀末開始，移民到外島

31　譯按：原文作「スマトラ東岸州」，意即蘇門答臘東岸省，應為今日的廖內省（Riau）。

的華僑，已經受到中國民族主義的影響，故他們對中國有著更深的感情，對中國的政治變化，也非常敏感。而且當時也有許多中國女性移民到印尼，故他們大多建立了中國式的家庭，並保留了中文。這些華僑被稱為「土著化華人」（totok）。在泰國，華僑在幾代後，就會忘記其祖先，很快就會融入當地社會；但在印尼，由於荷蘭人長達三百五十年的殖民統治，導致華人社會出現了扭曲的現象。

激增的移民

從一八三〇年左右起的大約一百年，海外華僑的人數急增。當今世上的華僑，大多是這時移民到海外的華僑的第三代或第四代。他們中的大多人都是勞工移民，故也可說這世紀是華僑從「華商」型到「華工」型的轉變時期，但人們通常所說的「苦力時代」、「苦力貿易時期」，則有些誇張。

在這時期，不止華僑，世界各地都出現大規模的移民潮。一八四〇至一八五〇年代，由於饑荒和經濟蕭條，一百五十萬愛爾蘭人和德國人，移民到了美洲。在同一時期，美國加州和澳洲，也發生了淘金熱。從十九世紀初到一九三〇年左右，大約四千二百萬歐洲人移民到美洲。另一方面，在一八九〇至一九二〇年，大約一千二百萬印度人，到錫蘭和東南亞打工，其中九百萬人最終返回了印度。總的來說，隨著世界資本主義體系的擴張，從歐洲到美洲，以及亞洲等邊緣地區，都出現了勞動力市場。這些市場，吸引了大量廉價勞動力。但移民的原因、方式，以及推、拉力的作用，和接受國的具體情況各異。瞭解這些差異，對我們理解整個移民現象，至關重要。

對於華僑和印僑（印度裔移民）來說，促成移民潮的最重要因素之一，是近代航運的出現。這使船舶的規模變得更大，航行的頻率也更高。工作機會和工資水準的訊息，也傳播得更快。香港是中國沿海最好的天然良港之一，隨著近代航運的快速發展，香港、澳門、廣州黃埔港、潮州汕頭港和上海，都開始建設現代化的港口設施。與這些港口相連的東南亞港口城市，也進行了類似的建設，令移民到海外者開始增加，擔當外國船船員、造船廠和碼頭工人。清廷雖然禁止人民出國，但實際效果並不理想，直到一八九三年，更正式解除出國禁令。香港、澳門以及後來的黃埔和汕頭，因為外國船可以自由進出，成了華僑移民的主要出發地。而福建的移民人數，則開始減少，令廣東成為華僑的主要輸出地。如英國最大的華僑社區——利物浦的華人，大多來自香港。

港口的現代化，也伴隨著統計數據的完善。以華僑移民最多的泰國為例，最初每年只有六千至八千人，後來增至一萬三千人左右，從一八二四年到一九一七年的九十四年間總數為二百〇三萬人。但在往返運輸的時代，返回中國的移民（即出外謀生者）人數也大幅增加。在上述時期，泰國的華僑淨流入人數（扣除返回中國的人數），占總移民人數的百分之三十七。一八四八年，西班牙的加州被美國吞併後，在薩克拉門托發現了金礦，在一八五〇至一八五九年間，大約七萬名廣東移民來到了加州。但到一八六〇年，在美華僑的總數，只有三萬五千人，即是說有百分之五十的華人回到中國。同時，第一批移民到澳洲的華人，是來自福建南部的契約移民，但在一八五〇年代的淘金熱時期，共有五萬名廣東移民來到澳洲，占澳洲總人口百分之十二點五。淘金熱結束後，到一八九一年，澳洲的華人總數減少到不足三萬八千人，其中二千多人是通婚在當地出生的華人後代。

往返運輸以及頻繁的往返移民，是理解那時期華僑移民潮的重要因素之一。如果將泰國百分之三十七的淨流入率，應用到整個東南亞，在那一百年裡，移民到東南亞的華僑總數不到一千萬人，各地的淨流入人數，約為三百萬人。中國大陸的學者，也估計那一百年間，契約華工的人數，扣除返回中國的人數，約為三百萬人（也有人估計，從十九世紀末到一九三〇年代，移民到海外的華工人數為一千四百萬人，其中百分之八十一的人，最終返回中國）。

如果說出外謀生，是那時期華僑移民的主要類型，那另一種常見的觀點，就是由於整個中國社會的人口壓力巨大，而且極度貧困，導致大量農民被騙、被拐賣，或因為負債，被迫移民到海外這種觀點，也需要修正和重新思考。的確，當時的福建和廣東，在全國範圍內，都面臨著人口壓力和土地不足的問題。華僑移民的主要來源地，包括福建福州的福清、泉州、廈門及其腹地、廣東東北部的客家人聚居區梅州及其西部的惠州、南部的潮州、孫中山的故鄉——廣東三角洲南部，以及海南島。泉州、廈門周邊的平原地區，是例外的富裕地區，也是商人移民的主要來源地，但其他移民的故鄉，大多是山區或丘陵地帶，相對貧困。故此說這兩省的移民來源村貧困，是推動移民的原因，在一定程度上是合理的。但問題是這兩省的生活水準，是否真是全國最低呢？明顯不是。

其實在清朝時，這兩省與其他東部沿海省份一樣，都屬於先進地區。他們從內陸的中等發展地區，或泰國、越南等地進口糧食，並發展工商業和經濟作物種植，將商品銷往中等發展地區和海外。從一七八七年到一九三三年一百五十年間，先進地區的人口和耕地面積，幾乎沒有增長；而中等發展地區如東北、四川和雲南則出現了人口和耕地都快速增長；也有一些地區如甘肅和陝西，則陷入了饑荒的邊緣。如果將移民視為人口和資源配置的重組，那與國內移民相比，華僑移民的規模要小得多。在武夷山脈和南嶺的阻隔下，福建和廣東與中國東南部的其他地區相對隔絕，他們只能通過移民到海外來緩解人口壓力。但這兩個「先進地區」的移民，並不僅從事簡單的勞動，他們大多擁有一定的技能，如造船、航海、採礦、土木工程、碾米、伐木、園藝、小販、零售、批發、金融等。

當然，我們也不能忽視那些從全國各地被拐賣，並從香港和澳門被販賣到海外的「豬花」、「豬仔」，即妓女、僕人和女傭的人數，以及（譯按：英國）一八三四年奴隸制被廢除後，那些被販賣到海外的簡單勞動力、即純粹的「苦力」的人數。但如果說這個世紀的華僑移民，主要是從全國各地被拐賣的窮人，那為何自那時以來，海外華僑大多都來自福建和廣東的幾個移民輸出地，並以同鄉和同族的網絡緊密聯繫呢？這個重要的共同點，就無法解釋了。

馬來半島的錫礦山

從亞洲國際貿易熱門商品的演變來看，十六、七世紀的主角——胡椒和其他香料，隨著歐洲市場的飽和漸衰。接替它們的砂糖，也敗給了來自巴西和西印度群島的競爭對手。後來進入了「金邊」[32]時代，日本的銅和黃金，成了歐洲鑄幣和製造槍砲的原料，以及清朝鑄幣的材料，一度十分搶手。

錫的世界三大產地，是挪威、英國的康沃爾（Cornwall），及從緬甸南部到馬來半島再到蘇門答臘島附近的島嶼。錫的用途包括製造青銅合金，以及在印度、東南亞和西方世界，被用來製造餐具等器皿本身以及器皿的鍍層、罐頭的內襯和屋頂的鐵皮。除了中國將錫用於鑄造青銅貨幣，錫在世界範圍內都有很大的市場。馬來半島北部的泰國錫礦，早在十三世紀就被華僑開發了，但中南部的錫礦，則一直由馬來人用原始的方法開採。

馬來半島的中南部，在十四世紀末起被馬六甲海上王國統治。馬六甲海上王國是一個伊斯蘭國家，它一度控制了這地區的國際轉口貿易。但隨著馬六甲港先後被葡萄牙人（一五一一年）、荷蘭人（一六四一年）和英國人（一八二四年）占領，馬六甲王國的輝煌也逐漸消逝。馬來半島沿岸的重要地區，被來自蘇拉威西的布吉斯人[33]（Bugis）占領，內陸地區則被蘇門答臘人和馬來人占領。整個馬來半島被分成了十幾個蘇丹國，他們名義上臣服於馬六甲國王，但也有一部分蘇丹國臣服於蘇門答臘

32 譯按：指各種金字邊的金屬。

33 新加坡、馬來西亞一帶多譯為武吉斯。是源自蘇拉威西的民族，善於航海，分佈於今印尼廖內、馬來西亞的柔佛州及雪蘭莪州。

島北端的亞齊國王。布吉斯系的蘇丹控制了數條河口，並派遣其族內的拉惹[34]們駐守交通要道，向運經河道的錫礦、胡椒和補給品抽取比例稅，並將部分收益用於商品交易和貢納。

荷蘭人統治馬六甲的時期，正是鄭成功父子海上王國的鼎盛時期。荷蘭主要跟中國貿易，故他們不歡迎反清的廈門華商進入馬六甲，但資金雄厚、訊息靈通的福建華商以及其代理商，仍在馬六甲不斷擴大勢力。他們以青雲亭（同鄉會所在）為基地，建立了龐大的商業網絡。馬六甲的華人甲必丹（葡萄牙人設立的華人首領），也一直由福建人擔任。這些反清的華商，還將福建的秘密結社（天地會、三合會），帶到馬來西亞。

英國東印度公司，以及為英國東印度公司從事亞洲貿易的區域貿易商（country trader），隨著英國占領檳城（一七八六年）、馬六甲（一七九五年）和新加坡開埠（一八一九年），開始擴大勢力。但由於英國人最初對馬來半島採取了不干預政策，將其作為保護國進行間接統治，故福建華商也得以在這些港口城市建立據點。在這過程中，馬來半島尚未開發的錫礦，引起了人們的注意。

臣服於亞齊王國的霹靂州，錫年產量為三百噸；暹羅的布吉島（又譯普吉島），錫年產量五百噸；森美蘭州的錫產量，也與布吉島相當。現在吉隆坡附近的巴生河上游地區，還有大量砂錫礦床沒被開發。這地區屬於雪蘭莪蘇丹國，在十九世紀，雪蘭莪蘇丹穆罕默德（Muhammad Shah）、其女婿兼繼承人阿都沙末（Abdul Samad）以及攝政王古丁（Tengku Kudin），與因錫礦開發而大舉引進的廣東華工、福建人、英國商人以及土著馬來人及其菁英之間爆發大規模衝突，最終促成吉隆坡市誕生，並走向英國直轄統治。

34 譯注：Raja，領袖之義。

葉亞來與廣東礦工

馬來西亞[35]的錫礦出口港，是馬六甲、新加坡和檳城。控制這些港口的，是來自印度、帶來鴉片和武裝的商人，以及來自福建和廣東的華商。華商在資金實力和批發業務方面都佔有優勢，他們除招募礦工，還向擁有錫礦開採權的馬來蘇丹、貴族，以及實際的礦主和經營者提供貸款，並向他們出售糧食、鴉片、酒、豬肉和武器，以換取錫礦。在生產方面，雪蘭莪的馬來人，只有五千人左右，而且他們大多住在沿海的低地地區。一八二〇年代，馬來西亞的錫礦開始蓬勃發展，大批華人礦工從中國來到馬來半島，到一八六〇年已達十萬人，其中雪蘭莪就有一萬多人，並形成了九間公司（類似土木工程的工人宿舍那種生產和互助單位）。這些礦工幾乎都來自廣東[36]梅州和惠州，大多是客家人。梅州人原是從福建遷到廣東的，其方言與福建人相通，故梅州人加入了福建人的海山派，惠州人則加入了廣東人的義興派秘密結社，這兩個秘密結社，都屬於天地會。[37]平時他們相安無事，但一旦發生衝突，他們就會按各自的派系，組成武裝隊伍械鬥，甚至殺人。

那為何馬六甲等地的華商，要招募梅州和惠州的客家人來做礦工呢？因為這兩處山多田少，當地人擅長開山修路、伐木、開墾荒地，以及使用轆轤和腳踏水車排水，並用熔爐提煉金屬。他們克苦耐勞，也習慣於到汕頭和廣州一帶，從事園藝工作。他們對海外的高薪工作，也非常敏感。

一八二〇年代，拉惹朱馬特和其兄弟阿卜杜拉合作，試圖開採國都吉隆[38]一帶山中的錫礦，但馬來礦工人手不足，且技術欠佳，故他們從梅州招募了大量海山派

35 這裡的馬來西亞，是指馬來半島所在的西馬地區。
36 馬來西亞慣稱梅州為嘉應州，此處跟原文翻譯。
37 在現有的研究中，雪蘭莪的海山派主要由惠州人所主導，義興派則由梅州人（嘉應州人）所主導。嘉應人與福建人之間並未因為語言相通而相互結合，兩者關係主要建立在錫礦的產銷之上。
38 當時的吉隆（坡）尚未成為雪蘭莪的國都。

礦工。在一八四〇至一八七〇年間，這地區的錫礦十分繁榮，一八五七年，朱馬特兄弟又看中了巴生河上游的安邦錫礦。他們從馬六甲青雲亭的福建華商和英國商人那裡，借了三萬美元，並招募了八十七名華工開始採錫。由於瘧疾的流行，一個月後這些華工，就只剩下十八人了，但朱馬特兄弟又派了一百五十人。一八五九年，安邦錫礦正式投產，並迅速成了馬來半島最大的錫礦，吉隆坡也因此誕生。當時的吉隆坡環境髒亂、人口稠密，時有火災和瘟疫，許多礦工都是打短工的，來了又走。礦區由以馬六甲為根據地的馬來人地主兼商人、蘇丹普阿薩（Sutan Puasa）掌控，他將礦山租給馬六甲的華商，並任命了首任甲必丹邱秀、第二任甲必丹劉壬光。安邦錫礦的大多數礦工，都是來自惠州的義興派成員。[39]

第三任甲必丹葉亞來（廣東話稱為 Yap Ah Loy，一八三七至一八八五年）的一生，是當時馬來西亞歷史的縮影。他出生於惠州，聽說馬來西亞的工資很高，於是在十八歲時途徑澳門，來到了馬六甲。那些負債的乘客，被船長禁止下船，但葉亞來因為帶了八十元的本錢、即使付了船費，還剩下一些錢。他在馬六甲的同族那裡找到住處，並在其介紹下，在附近的一個小礦山城鎮，找到了一份在商店裡幫忙的工作。但店主對他並不信任，建議他返回中國，葉亞來只好離開，到了新加坡。在去新加坡的路上，他把所有的一百元積蓄，都輸在賭博，只好來到雪蘭莪南端的蘆骨錫礦尋找工作。他在那裡遇到一位來自惠州附近縣城的同鄉張昌，張昌是當地一間公司的老闆。葉亞來先是在張昌的公司做廚師，後來又開始養豬，並用豬肉交換錫礦。在做買賣的過程中，他又遷到了鄰近森美蘭州的大型錫礦——雙溪烏絨。

雙溪烏絨是個由蘇門答臘人和馬來人建立的移民區。當地的拉惹為爭奪錫礦的控制權，經常發生衝突。葉亞來因為勇敢善戰，且精明能幹，被華人甲必丹盛明利看中，成為其得力助手，並被任命為頭目。一八六〇年，錫礦發生了礦工械鬥，

39　譯按：惠州人應屬海山派。

一千二百名華工中有四百人被殺，盛明利也被殺害。葉亞來在一位同鄉同姓的華商幫助下，平息了械鬥，並接替盛明利成了新的甲必丹。他在蘆骨和雙溪烏絨的經歷，令吉隆坡第二任甲必丹劉壬光對他留下了深刻印象。一八六二年，劉壬光就任吉隆坡甲必丹後，將葉亞來招募到吉隆坡作為其助手，並將自己的一部分錫礦，交給葉亞來管理。不久後，劉壬光病逝。在一八六八年，在蘇丹普阿薩和其他富有華商的支持下，葉亞來接替劉壬光，成了吉隆坡第三任甲必丹。他還繼承了劉壬光的大多財產，成了吉隆坡最大的錫礦主、市長和秘密結社的首領。但在他登上權力巔峰之前，他還經歷了一場生死攸關的考驗，那就是一八六六至一八七四年的雪蘭莪內戰。

雪蘭莪是個由蘇拉威西布吉斯人建立的移民區。一八五七年，雪蘭莪蘇丹穆罕默德（Muhammad Shah）在三十一歲時去世，引發了王位繼承之爭。蘇丹的嫡子馬末（Mahmud）年紀太小，兩個女婿雖然很有實力，但他們都是蘇門答臘人，沒有資格繼承王位，故蘇丹的三女婿阿都沙末在一八五九年成為蘇丹。當時，原本控制著巴生

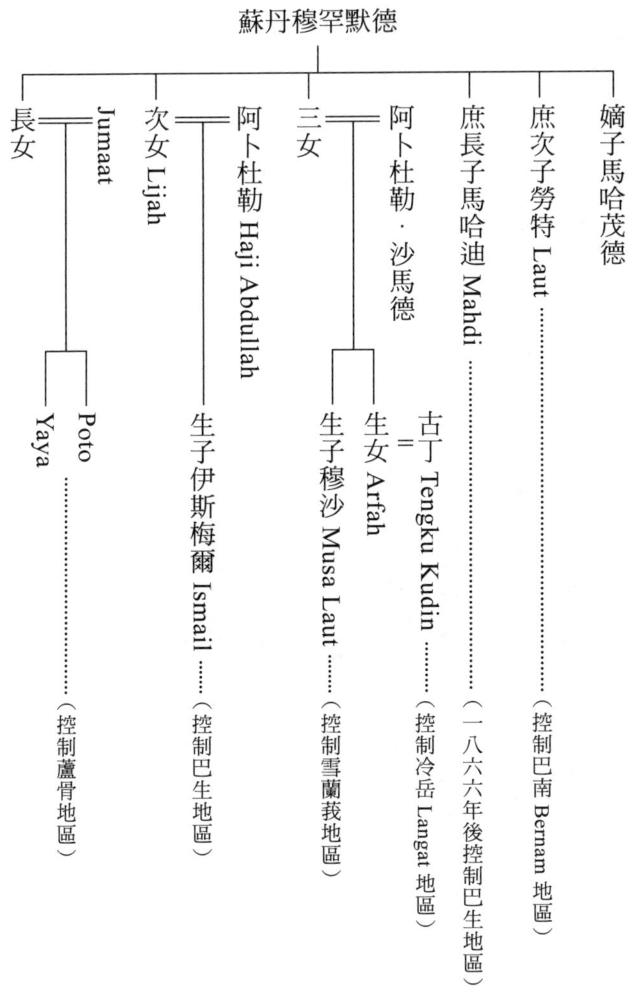

圖十一 雪蘭莪國蘇丹穆罕默德。

河流域的拉惹·馬地（Mahdi）勢力不斷擴大，他從拉惹·阿都拉（Abdullah）手中奪取了巴生地區的控制權。新蘇丹阿都沙末，對巴生地區的收入減少非常不滿，他取消了女兒與拉惹·馬地的婚約，並將女兒嫁給了來自吉打州的古丁，並任命他為攝政王，授予他全權。

葉亞來在就任甲必丹的儀式上邀請拉惹·馬地，作為蘇丹的代表出席儀式。他認為馬地是雪蘭莪最有實力的人物，希望借助其力量，吞併北部的根登和南部的晏斗，這兩個由梅州人控制的錫礦區。但拉惹·馬地的目標，是通過控制巴生地區，從錫礦收入中徵收更多的稅收，他希望華人礦工保持分裂，這樣對他更有利。就在這時，葉亞來在蘆骨的舊上司張昌，也帶著其手下來到了吉隆坡，希望打敗葉亞來，成為吉隆坡的甲必丹。葉亞來巧妙地應付了張昌。張昌只好到根登召集武裝，再次進攻葉亞來。在拉惹·馬地的支持下，葉亞來初戰獲勝，但由於他試圖吞併根登的錫礦，導致他與拉惹·馬地決裂。於是葉亞來轉而投靠蘇丹和攝政王古丁。形勢對蘇丹一方有利，到一八七一年，張昌在根登戰敗，他帶著殘部繞道到冷岳（Langat），並與那裡的梅州人聯合手，拉惹・馬地也被迫逃往國外。

一八七二年，拉惹・馬地從流亡地返回，並與攝政王古丁的軍隊決戰。古丁的軍隊除了華人礦工，還有馬來、印度士兵，以及歐洲指揮官，但他們仍然不敵，吉隆坡被攻陷，變成一片廢墟。古丁和葉亞來，被迫撤退到巴生。一八七三年，從中國招募的四百名華工援軍，以及由彭亨州派來的馬來人軍隊，讓他們死而復生。在同年年底，他們收復了吉隆坡，雪蘭莪內戰結束。

2 出國的頂峰

汽船時代的來臨

在最普遍的層面上，華僑的共同形象：亞洲勞工移民的代表、在民族主義下面臨政治和情感上兩難的離散族群、擅長靠靈活而堅韌的網絡取得經濟成功的族群，這些要素都是從十九世紀中葉到二十世紀中葉才逐漸顯現的。

如果將一九四五年以後，視作後殖民時代和華僑史的「現代」，那之前的百年則是華僑史乃至東亞和東南亞「近代」探索的時期；而十九世紀中葉，被視為「世界史一體化」的起點。已經抵達亞洲的世界資本主義，將印度和東南亞的殖民地納入其附庸體系，並建立了廣闊的勞動力市場。這種吸引力，又將飽受人口壓力和貧困之苦的中國，特別是華南的勞工移民，大量吸引過來，這也是一個普遍的標準答案。

在以「近代」為舞臺、必須以世界史的視野來論述華僑時，調動殖民主義等抽象概念，勾勒出華僑歷史發展的脈絡是很有幫助的。從這意義來說，上面的答案是其中一種理解。但概括性的論述和基於史實的分析，之間存在著巨大的差距。

例如大量接納華僑達總數三成以上的泰國是個獨立的國家，並且當時正處於經濟高速發展的時期。另外，移居海外的華僑並非來自全中國，絕大多數是來自華南兩省（福建和廣東）。如前所述，這兩省並非全中國最貧窮的省份，只是相對而言，這兩省的商品經濟浪潮已經席捲了農村。更準確的說，是這兩省中相對貧困地區的人們，為了開創一番事業，帶著自身的技能，通過從事商業化農業、礦業、漁業、伐木業等勞動，而到海外的。當然，其主流是短期工作十五到二十年，然後回國。

這種短期的出國打工，每次出入境都會被記錄，故累計數字很大，但實際上長期留在海外的人數並不多。

從一八二〇年代到一九二〇年代這一百年中，大約有一千萬人從中國移居到東南亞，其中真正定居的約三百萬人。即便如此，與十七至十八世紀相比，十九世紀確實是華僑出國的頂峰期。而自一八七〇年代起，出國人數急增的趨勢，一直持續到一九二〇年代，才開始下降。華僑移民的規模和流動趨勢，與同期從西歐和東歐移民到美洲的白人移民明顯不同。同期約有五千萬白人移居美洲，在歐洲各國經濟發展初期，移民數量增加，之後隨著人口壓力減小而逐漸減少。而在華僑的移民潮中，則沒有這種趨勢，人數一直上升，到第一次世界大戰和抗日戰爭時期，才驟然下降。

一八七〇年左右開始，華僑移民規模加速增長，首先與蒸汽船定期航線的開通，以及條約港的開放有關。十九世紀上半葉，華南帆船航運的中心在福建廈門，約三百噸的福建帆船，主宰著海峽殖民地、荷屬東印度、菲律賓、泰國的海域，每艘可載二百到六百名左右的移民。此外，還有泰國製造的類似帆船，以及在近海航行的二十噸海南島帆船。由於只能依靠風力，故只能在十月到四月間向南航行，並在六、七月返回，航程約為兩年。一八五〇年，歐美快速的雙桅帆船出現後，中國帆船漸衰。而民間的蒸汽船方面，英國郵輪於一八四五年到達香港，航海大國泰國也在一八五〇年就開始製造自己的汽船。

進入汽船時代後，一八四三年先有香港、廣東、廈門，繼而一八五八年有汕頭，相繼開放自由貿易，福建人主要到菲律賓、新加坡、馬來亞、泰國南部，廣東人主要到泰國和新加坡。一八六〇至七〇年代，歐美定期汽船航線開通，並且班次不斷加密（每週一班），約九成五的移民選擇乘坐汽船，而不是帆船，移民規模也自然增加。由於競爭激烈，船費也從八美元降至一美元，再降至五十美分。汽船的開通，最受益的還是廣東人，尤其是汕頭腹地的客家人、潮州人，其次是廣州一帶的廣東人以及海南島人，他們移民的首選地點是泰國曼谷附近。恰逢當時，拉瑪王朝正在積極推行現代化，泰國經濟高速發展。

泰國經濟與廣東移民

在鴉片戰爭前後，中國和日本都遭遇外交和軍事上的緊張局勢，但在泰國，這種局勢較為緩和。

自一七八二年拉瑪王朝建立以來，泰國便以「貿易立國」為其發展方向，並將王室壟斷的貿易作為其財政基礎。拉瑪王朝也重用以福建人為首的華商，他們是造船和海上貿易的專家。泰國當時實施封建制度，農民隸屬於特定的主人服勞役，並每年向國家繳納人頭稅。在這種體制下，商業、手工業和服務業，都發展緩慢，而包括華僑在內的外國人，則填補了這個空白。廣闊的湄南河三角洲得到開發，作為貿易主力產品的稻米、甘蔗、煙草、胡椒、棉花、水果、內陸的柚木、錫、硝石的生產，也不斷擴大。這些商業化的初級產業，往往採取種植園農業或承包礦區的形式生產。而汕頭腹地的潮州、嘉應州、惠州人，在家鄉已經習慣了這種開發模式。他們中的大多數人，都是被高工資吸引而到泰國打工的，其成功者則轉變為種植園主、礦主、商人、放債人，並移居城市。

至於要在泰國定居成為泰國人，還是繼續保有華人身分，全憑個人意願。只要自認為是中國人，每三年繳納一次人頭稅，並在手腕上戴上蓋有印章的布條，就可自由旅行，其待遇比泰國農民要好。

在曼谷和汕頭，都有負責運送和安排移民的中介，也兼營旅館。中介（客頭）從各村招募想移民的人，然後把他們送到旅館。貧窮的移民可以用「抵押船票」的方式，到泰國工作，然後用賺來的錢償還旅費，而且大多數都是自由勞工。然而在華僑中，最賺錢的還是持有政府牌照的商人，如負責王室航運的承包商，以及稅收承包商。礦主只需要繳納產量的十分之一或十六分之一的稅金，賭場、鴉片館、酒館的收入的六成歸他們所有。而從華僑那裡收取人頭稅，也是他們的工作。

可見，一八一〇年代以後，泰國經濟的起飛，實際上是華僑參與發展的結果。而早於華僑進入泰國市場，卻在泰國市場拓展方面落後的英、德、法商人，其主因是當時泰國九十多個官營事業，均被華僑壟斷。當時華僑繳納的稅金較低，他們也熟悉當地市場，壟斷了零售業。另外，按照當時的慣例，所有海商、水手，都可私下攜帶貨物，然後按比例在泰國販賣。他們也可自由旅行，而且允許購買房地產。

一八五五年，一個重大的變化來臨了。英泰簽署了《寶寧條約》（Bowring Treaty），泰國開始邁向自由貿易和現代化的道路。《寶寧條約》規定了領事裁判權、治外法權、購置財產、在曼谷居住和旅行的自由、修改固定關稅率、取消厘金、鴉片貿易合法化等。而到一九一〇年，原本每三年徵收一次的華僑人頭稅，也改為每年徵收。一八九一年，泰國農民也擺脫了徭役制、依附制，開始離開農村，湧入之前是華僑天下的曼谷。原本壟斷官營事業，並安於中間盤剝的上層華僑，面臨四面楚歌。但幸運的是，形勢的變化和華商的靈活應變能力，使他們度過了難關。

首先，湄南河三角洲的水田開墾不斷推進，泰國稻米也因應著中國、東南亞、西歐（及其殖民地）稻米需求的快速增長，成了泰國最大的出口商品。還有，自一八六八年起使用蒸汽碾米機後，也促進了泰國稻米的大規模收集和出口。而潮州人在曼谷的碾米業及其工人占了絕大多數，一九〇八年成立的泰華農民銀行，其董事長也是潮州人。從農村收集稻穀，運送到曼谷的碾米廠，再將生活必需品運回農村的掮客，也是華僑。其他商業作物的種植園主和勞工，因受到東南亞其他種植園發展的競爭和挖角的影響，其經營狀況略不景氣，但另一方面，他們也開始雇傭泰國農民。

隨著現代化發展，泰國政府開始取消官營事業承包制，並推出人頭稅、所得稅，以及將徭役折算成貨幣的方式徵收新稅。由此產生的農民貸款和農村商品交換中，令華僑又進一步擴大了他們在放債和零售業的影響力。隨著曼谷從「水都」變成「陸都」，城市建設不斷推進，在道路、運河、寺廟等公共工程建設中，需要借助華僑的力量。象徵著這一切的，就是一八六四年連接曼谷王宮和使館區的「新路」[40]修建完成，並在沿線形成了長達兩英里的華商街。而在城市商業、手工業，以及土木工程方面，則以廣東三角洲的移民最為活躍。在拉瑪五世的英明領導下，一八九七年，依靠著西洋技術和華工，鐵路網開始向北和東北方向延伸。在碎石、路基建設、鋪設枕木的工程中，以潮州人和客家人最為活躍。而華僑航運業則衰落，之前依託航運優勢占據主導地位的福建人和廣州人，則在泰國華人中排名第四和第五，但他們仍然壟斷著港口工人和造船業。

可見一八七〇年代以來的約五十年，廣東移民，尤其是潮州人，之所以能大量湧入泰國，是與當時的泰國國情密切相關的。日語中稱之為「互相幫助」（持ちつ持たれつ），中文則稱之為「取長補短」，這說明雙方存在著互相依存的關係。泰國願意接受現代化和自由貿易，而華南華僑則有豐富的經驗、知識和勞動力，為泰國的現代化做出貢獻。面對憑藉先進技術、雄厚資本和現代化交通工具而打開泰國國門的西方人，華僑與他們也建立起了「互惠互利」的關係。西方的商社和銀行，都會聘請買辦（受僱於西方人，專門負責與中國商人交易的中間人），不懂泰語、中文，也不瞭解市場情況的西方人，只能依靠買辦的幫助。

淘金熱

一八四〇年代的美國西岸，正從牛仔和獵人的世界，轉變為礦業和農場開發的世界。美國政府自一八四一年起，就派科學考察隊探索各種有開採價值的礦藏。而在愛爾蘭、德國等地，由於馬鈴薯枯萎病蔓延，移民到美洲的白人激增。

40 譯注：Charoen Krung Road (ถนนเจริญกรุง)。

在此期間，就在加州從墨西哥割讓給美國的前九天、即一八四八年一月二十四日，在現在薩克拉門托市東北方向五十六公里處內華達山脈腳下的美國河（American River），發現了沙金和金塊。南北長達一百五十英里的母礦被發現的消息，迅速傳遍全球。同年年底，美國總統波爾克（James K. Polk）正式確認此事，並引發了淘金熱。

此前美國的金礦產量僅為五萬二千盎司，加上加拿大的產量，也不過值八千美元，但在之後的十年，猛增至四億美元。一八五〇年，美國金礦產量已達二百四十萬盎司。著名民歌《噢，我親愛的克萊門汀》（Oh My Darling Clementine）歌詞中提到的「四九年的拓荒者（Dwelt a miner, Forty-niner）」，正是指那些幸運地趕上淘金熱初期的人。當時英國工程師的月薪只有二十到三十美元，農民的月薪則只有十美元多一點；而在加州，只要運氣好，花不到一百美元的工具，一個月就能賺到五百美元。一八三〇年代，美國的移民數量為五十萬人，到一八五〇年代，則增加到二百五十萬人。在這期間，奧勒岡、愛達荷、華盛頓州等地也發現了許多金礦和其他礦藏。加州的淘金熱雖然在七〇年代結束，但八〇年代又輪到阿拉斯加迎來新一波的淘金熱。而在一八五一年，澳洲維多利亞州的巴拉瑞特（Ballarat）、本迪戈（Bendigo）、拉明平地[41]等地也發現了金礦，並持續了約二十年。在這突如其來的短期淘金熱潮中，華僑主要參與了美國加州和澳洲的淘金熱，而且他們幾乎都是來自廣州附近的珠江三角洲南部的人，他們大多是短期工，賺了錢就回國。

為甚麼來加州淘金的是廣州南部人？他們都是被拐騙來的苦力？到加州淘金的移民，主要來自廣州郊外的南海、番禺、順德三縣（三邑），以及其西南部的臺山、開平、恩平、新會四縣（四邑），並且都是集體移民。四邑地區是海拔二百到三百公尺的丘陵地帶，而三邑地區則是靠近廣州市的園藝地帶。這兩個地區都非常貧困，

41 譯注：Lambing Flat，於一八六三年改名為 Young 至今。

人口稠密，開發較晚。從中國內地移居過來的群體，以及清政府安置的客家人，在當地原本荒無人煙之處開山劈石、興修水利，以開墾農田。由於不同族群聚居，故三邑、四邑和客家人之間的方言，互不相通；另外，同姓村落也很多，故非常團結。那裡並非純粹的農村，也不是純粹的農民，故他們擅長出外謀生、做生意，也有人開洗衣店、舊衣店、養豬、養魚；也有開設雜貨店、餐館，或從事廚師、水手、蔬菜種植等工作。由於他們精通農業、工業、土木工程等技術，故是海外移民的精銳部隊。

往返廣州和澳門的英美葡國船，都會雇傭珠江三角洲的人作為水手、服務員、廚師，故海外的資訊和技術，很容易傳回當地。當加州發現金礦的消息傳來後，與從美國東部航行三千英里，花一百八十天，或繞過合恩角，長途跋涉才抵達加州的白人移民相比，從廣州出發、順風只需航行一、兩個月就能抵達加州的華僑，具有很大的優勢。一八四八至四九年約有四百名華僑來加州淘金，在接下來的一八五〇年代累計有六萬五千七百五十八名，一八六〇年代則有三萬四千九百三十三名。當時加州的華僑只占加州總人口千分之一，但由於生產力和收入高，匯款金額大，故對加州的礦業發展做出了巨大貢獻。但正因如此，在五〇至七〇年代，他們成了排華運動的主要攻擊目標。事實上，在當時的三萬五千名華僑中，有一半人，都是短期工作後就回國的。但外界卻誇大了華僑在加州的總人數，並惡意宣傳指華人是不易被同化、類似奴隸的苦力集團是個麻煩族群。

但事實並非如此。當然，那時確實存在苦力貿易和豬仔貿易。隨著廢除黑奴運動的興起，以及一八三〇年左右禁止使用黑奴的趨勢，美國在經歷南北戰爭後，於六五年正式廢除奴隸制。六〇年，中英簽訂了條約，允許契約華工自由出入境，而六八年中美簽署的條約，也禁止了契約華工，轉而允許自由移民。儘管如此，在美國南部、西印度群島、中南美洲，以及亞洲的英國和荷蘭殖民地，對印度人和華人勞工的需求依然很大，而且虐待現象仍然存在。於是廣東和福建，就出現了一些不法商人，們用虛假的合同，誘騙貧民，然後把他們關在澳門和香港的「招工館」，再像運送貨物一樣，把五百到六百名華人塞進擁擠不堪的船艙中，把他們販賣到目的地。但其實這種現象的數量並不多。中國學者陳擇憲教授，估計一八三〇到一九二〇年間，包括苦力在內的所有契約移民出國的人數（其中一半人最後都回國）約三百萬人。當然，到北美和澳洲的移民中，也存在契約移民。

大多數到加州淘金的移民，都是自己付錢、依靠親戚和同鄉的幫助，到那裡工作的。最大的開銷是三十到五十美元的船費，而在淘金熱高峰時期，船費甚至降到了之前的一半以下。但如果運氣不好，乘坐了黑心船主的船，就會像沙甸魚一樣，塞進狹小的船艙；但也有一些船全程沒有發生任何疾病和死亡。故鄉的工資，只有三到五美元，而在美國加州，通常可以賺到三十美元。七〇年代修建鐵路的工人，甚至能賺到三十到三十五美元。只要工作兩年，就能賺到三、四百美元，帶著這筆錢回鄉，光宗耀祖。據統計，一八七六年廣東人從加州匯回廣東的錢，高達一千一百萬美元。

翻越內華達的鐵路

那些想要去美國加州淘金的人，可以先從中介那裡預支船票，然後用工作賺到的錢，償還本利。廣州和香港都有專門為同鄉提供住宿和倉儲服務的「客棧」，中介在舊金山也設有分店，幫助華人處理信件和匯款。當他們到達加州後，在碼頭上會有人用同鄉的方言大聲叫喊，尋找自己的同伴，然後由他們帶領，乘坐馬車到舊金山唐人街的同鄉會館；或者像中山縣這樣同姓人較多的地方，他們則會住在同姓氏的宗親會。在他們在那裡會得到各種資訊和幫助，然後再到由說相同方言、相同籍貫的人所控制的礦區工作。

現在舊金山唐人街的所在地，就是「四九年的拓荒者」停放篷車、住宿、吃飯和娛樂的地方。這裡也成了他們度過冬天無法挖礦時期的營地。令人驚訝的是四九年年底，就在當地的廣州飯店誕生了首個華人會館。到五九年，廣東三邑、四邑、中山、客家人等，已成立了六大會館，以及各中小縣的同鄉會和宗祠，形成了一個完整的互助體系，各種秘密結社的分支「堂口」（或稱「堂會」（どうかい））也紛紛出現。無論是在馬來半島、蘇門答臘、爪哇島，還是在中國內地移住的起點，這種傳統的組織形式為華僑的生活，提供了許多幫助。

另外順便一提的，是一位名叫亞彩（Ah Toy）的香港美女，曾在舊金山紅燈區名噪一時。而當時的舊金山，賭場也隨處可見。華人在邊遠地區定居時，都會以商人、農民、工人、技師等組成的混合隊伍，在商人的領導下團結一致，並通過以生活為中心的服務，建立社區。這一點值得我們關注。而舊金山的唐人街，對白人移民來說，也非常方便。在淘金熱潮退去後，仍為華僑創造出與都市生活需求相關的職業發展機會。

隨著六〇年代淘金熱逐漸消退，美國西部被視為新興的農業地區。為將西部與正在工業化的美國東部連接起來，建設橫貫美洲大陸的中央太平洋鐵路的構想，也應運而生。西部的鉅賈斯坦福（Leland Stanford）和亨廷頓（Collis P. Huntington）合夥成立公司，並於一八六三年起，修建從薩克拉門托到奧勒岡的三百英里的鐵路。這項工程十分艱鉅，因為要穿過海拔二千公尺的花崗岩內華達山脈，並翻越陡峭的峽谷和唐納山口（Donner Pass）。起初，該公司不願雇傭華人，而是打算雇傭愛爾蘭人。但由於受淘金熱影響，無論是從工資水準，還是工作性質，都很難招募到足夠的愛爾蘭工人。於是該公司不得不改變主意，開始雇傭那些在修建長城、運河，以及在平原和山地開墾方面經驗豐富的中國勞工。該公司以每月三十到三十五美元（與白人勞工相同的工資水準），雇傭了來自廣東珠江三角洲的一萬二千多名華工，這些華工占所有勞工的九成。白人工人除了工資外，尚有免費住宿並提供伙食，但華工只能住在帳篷，並自己解決伙食。儘管如此，華工們仍表現出色，於六八年九月，完成了這段鐵路的修建。

同樣處於開拓時期的澳洲，早在十八世紀末，就有一些來自福建的牧羊人、種植園工人和水運工人到那裡工作。澳洲首個金礦約在一八二三年發現，但真正的淘金熱，則發生在一八五一年，新南威爾士州和維多利亞州都發現了金礦；而紐西蘭也發現了金礦。參與淘金的華工，大多數來自珠三角州，特別是三邑和四邑地區的人。現在的本迪戈市，還保留著當年礦工挖出像地洞一般的礦坑、華人墓地、寺廟和中華公所，令人遙想當年。在一八五〇年代的淘金熱高峰時期，澳洲總人口才四十萬，而華人就占了十萬。他們創辦報紙、成立福利團體，其中也有人通過經商取得成功。

在澳洲的本迪戈和拉明平地發生了白人移民與華人礦工的衝突，最終導致華人住所被燒毀。澳洲各州政府一方面支持美國廢除奴隸制，另一方面卻對亞洲移民表現出強烈的偏見，並開始對華人徵收每人十英鎊的人頭稅，以及每月一英鎊居留稅。許多華人因此被迫回國，或與當地女性通婚，以便留在澳洲。一八八八年到一九〇〇年，澳洲民族主義情緒高漲，主張建立一個純白的澳洲，並維護白人勞工的利益。一九〇一年，澳洲聯邦成立。它一方面宣稱要脫離英國殖民統治，建立自治政府，另一方面則繼承了各州歧視性的移民法，並且加強了這些法案的執行力度。

作為白澳政策的一部分，澳洲政府實施了「語言測試」（移民限制法第三條）。所有移民，都被要求用英語、法語、德語、波蘭語、希臘語等歐洲語言中的任何一種，寫出五十個單詞。在一九〇二年到一九〇九年間，在某個入境口岸進行的語言測試中，共一千二百四十八名亞洲移民參加測試，其中只有五百二十二人通過。廣東人雖然可說一些簡單的英語，但要他們用英語寫作，則幾乎不可能。由於澳洲的排華政策，華人人口從一九〇一年占澳洲總人口的百分之零點六，下降到一九四七年的百分之零點一六。那些透過通婚得以留在澳洲的華人，則轉而從事蔬菜種植、蔬菜零售、餐飲、家具製造等行業，並逐漸進入城郊和城市。

3 秘密結社的譜系

誕生的背景

在談論華僑社會的秩序時，秘密結社是無法迴避的。事實上，在十七至十九世紀，秘密結社在華人社會中，發揮了重要作用。

分析其誕生的背景，需要考慮兩個重要的歷史趨勢。一是清初，官兵燒毀位於廈門西郊的南少林寺而引發的三合會（天地會）的興起，經歷了曲折的發展，三合會最終成了孫中山發動革命、團結華僑的力量；二是與十九世紀後半葉達到頂峰的華南移民潮密切相關。當時無論是政治還是經濟，都處於無序狀態。從運送移民、尋找工作，到日常的行政事務，乃至商業的利潤，很多方面都需要仰賴非法組織的幫助，或在秘密組織的暗中操縱下進行的。值得一提的，是由於從印度到海峽殖民地的移民，是由英國政府運送的，故在那裡秘密結社的問題相對較少。

一九〇五年，孫中山的興中會與黃興的華興會，合併為中國同盟會。同盟會中當然也有一些知識人和鄉紳，但主力是來自非法組織三合會，如紅幫、青幫、哥老會，而他們為革命注入了巨大的動力。從總體上看，這些組織都屬三合會，而三合會的發源地，就在南少林寺和後來華僑居住的南洋。哥老會最早可能出現於白蓮教之亂（一七九六至一八〇四年）時期，其成員主要來自華南、四川、湖南、湖北等地出外謀生的農民。後來哥老會向東擴展，並促成了上海紅幫的形成；而大運河的運輸工人，則形成了青幫，這兩幫都形成於清末。一般而言，那些離鄉背井的農民和運輸工人，與家鄉的聯繫較為薄弱。如前所述，一名商人的跨地域貿易活動，需要十八名運輸工人的支持，隨著農業社會商業化的發展，各地都出現了以江湖義氣結盟的運輸業行會。而最早的例子，可以追溯到唐代中期，當時陸路運輸和水路運輸的樞紐，都出現了這種行會組織。

根據口述資料，三合會的成立背景如下：一六七四年，清廷在平定西部邊疆少數民族叛亂的過程中，借助了南少林寺的武僧力量。事後，清廷聽信謠言燒毀了南少林寺。次年，武僧們立誓「反清復明」，並將自己的組織對外稱為「三合會」、「天地會」，對內則稱為「洪門」，轉入地下活動。他們會在深夜舉行入會儀式，用暗號和隱語來試探入會者的身分，還會觀察他們使用茶碗和煙袋的方式來測試他們。入會者還要歃血為盟，繳納會費，才能得到會員證。這與《三國演義》中的桃園結義非常相似，而《三國演義》中的英雄，也是在討伐以治病祈禱的方式發展信徒的道教五斗米道之亂中所形成、具有江湖俠義精神的歃血為盟兄弟。五斗米道形成於東漢時期，而數百年後則出現了佛教系統的念佛組織——白蓮教。順便一提，將這些秘密組織稱為「堂口」或「山頭」（或稱「山會」（さんかい））的說法，來自《水滸傳》。而水滸英雄的故事背景，則是位於大運河沿岸、後來青幫的勢力範圍。

「反清復明」是指滿人的清朝滅掉明朝，並且鎮壓了堅持抵抗、以吳三桂為首的三藩及在臺灣的鄭氏勢力（一六八三年）。故永恆的仇恨和經濟上的損失，就像一根刺一樣深深地刺痛了福建和廣東人，以及那些從兩省移居海外者的心。清朝的海禁持續到一八九三年，並且比明朝的海禁更為嚴苛。但儘管如此，移民和走私活動，尤其是鴉片和鹽的走私活動，仍屢禁不止。

移民、就業的網絡

十九世紀海外勞動力需求大幅增長，華南港口的主要收入來源，是運送移民和走私商品。那些被稱作「客頭」的人口販子及其代理人，與帆船船主勾結，在華南招募想要移民的人，將他們集中到澳門的「客棧」（「豬仔館」），然後再按需求將他們運送到海外各個港口，而當地的代理人再將他們送到雇主處。即使在一八三〇至四〇年代，苦力貿易最猖獗的時期，有一半的華工依然是自由勞工。但隨著勞動力需求的不斷增長，一些利慾薰心的「客頭」和船主，會用各種手段強行抓人，然後把他們當作契約勞工，運往海外。在運送過程中，他們還會虐待華工，無惡不作。一八四二年中英簽訂了《南京條約》（這是鴉片戰爭的結果，是英國強迫清朝簽訂的，不平等條約，清廷被迫開放上海等五個通商口岸，並將香港割讓給英國）。隨著條約港的開埠，招工館在接下來的幾十年裡日益猖獗。

如在檳城和新加坡開埠初期，由首任華人甲必丹起，都與三合會、特別是義興公司和海山公司等堂口關係密切。而之前提到的錫礦山甲必丹，以及其下屬的副官，也是如此。在當時馬來半島，從商人、手工藝者到工人，大約三分之一都是三合會的會員。反過來說，如果沒有秘密結社的網絡，移民想順利地移居海外、找到工作和定居，幾乎不可能。

當時馬來半島的男女比例嚴重失衡，平均為一女比十五到二十名男。故從華南乃至華中地區，都有妓女被販賣到那裡。儘管數量不多，但販運、經營妓院，也是由秘密結社負責的。為吸引更多年輕力壯的華工，雇主們會開設賭場、並提供鴉片，來籠絡他們。東南亞的華僑並非一開始就把這些惡習，從家鄉帶到那裡，而是在當地染上這些惡習的。在爪哇島，就連當地人也開始吸食鴉片。在甲必丹制度下，殖民政府的主要收入來源，是鴉片館、賭場、酒館、妓院和當鋪的承包費，並由秘密結社管理這些容易引起爭鬥的行業。

秘密結社以結拜兄弟的長幼順序劃分等級。在三合會中，大哥象徵著要恢復明朝的人物，二哥負責解決爭端，三哥則負責互助和福利，無論是疾病、糾紛、外來攻擊，還是喪葬事宜，他們都負責處理。據說，當時在曼谷修建鐵路的華工，都是秘密結社的成員。秘密結社通常按不同方言，而分為不同的派系，每個派系都有一個頭目。在招標和爭奪勢力範圍時，各派之內會團結一致，爭取自身的利益最大化。所以到了後來各派系之間的矛盾，日益尖銳，而「反清復明」的共同目標，也逐漸變得模糊了。為擴大勢力範圍，增強內部的凝聚力，各個小派別都會供奉神靈。檳城苦力販子邱天保，就是大伯公廟最大的施主。[42]故通過觀察各個秘密結社廟宇的分布，就可以瞭解當地各個方言群體勢力的消長。

正如葉亞來的故事所示，當一位擁有超凡領導力的甲必丹，將各個秘密結社整合成一股力量以打敗對手，登上領導者的位置時，各個秘密結社就實現了大統合。葉亞來因其出色的管理能力和軍事才能，在吉隆坡被英國接管前，成了吉隆坡的最高行政長官。在那個人才短缺的年代，殖民政府也需要借助秘密結社的力量管理地方，以及維持社會秩序。

總商會與蛇頭

但英國在一八六九年頒布《危險社團法令》，開始限制馬來半島秘密結社的發展，並於一八九五年直接統治馬來半島後，開始嚴厲禁止秘密結社。泰國也於一九三二年頒布了《秘密社團取締法規》，來禁止秘密結社的非法活動。隨著現代化和民族主義的發展，秘密結社的職能，開始逐漸轉移到公開的團體，並摘掉了「堂口」的招牌。二十世紀初，在中國政府的號召下，海外華人聚居的城市，也開始成立總商會（現代的商會），標志著秘密結社向現代社會轉型的新時代已經到來。

最近，臺灣黑幫「蛇頭」與日本黑幫勾結，偷渡福建人到日本打工之事被媒體曝光。與此同時，還有一艘中國船，在泰國港口短暫停留後繞過好望角，最終抵達

42　以檳城邱氏家族為首的福建商人，其秘密結社「建德堂」也稱作「大伯公會」。

紐約。由於紐約仍然存在「堂口」，故如果沒被發現，他們可能已成功偷渡到美國了。日本媒體稱他們為「船民」，但更準確的說，他們應被稱為「盲流」，即那些為找到一份好工作，不惜冒險到任何地方打工的人。這是十九世紀移民潮的重演嗎？

在我看來，現在的人口壓力推動移民潮，以及蛇頭式人口販子不斷湧現，這兩方面與十九世紀的移民潮非常相似，但將秘密結社轉型為合法、公開組織這歷史趨勢，應不會逆轉。雖然與中國大陸相鄰以及隔海相望的地區，情況可能有所不同，但只要中國政府能維持社會秩序，這種現象就不會蔓延開來。

第四章

民族主義與異化・同化

圖十二　海外華僑的歷史與變遷：函館的華僑（攝於函館中華會館），一九一六年（大正五年），董事張尊三（前排正中）回國前留影。

1 國民國家與國籍

「華僑」一詞

從宋元到鴉片戰爭時期，隨著中國海外貿易的擴張，海外華僑的人數也快速增長，早期增長緩慢，後來則不斷加速。儘管如此，在此期間始終沒有一個固定的中文詞彙來指代他們。更準確地說，是不可能有一個固定的詞彙，這並非僅僅因為華僑觸犯了中國政府頒布的「海禁」政策。

儒家思想的核心是祖先崇拜，亦即孝道，故儒家特別重視人們住在祖籍地。中文中的「僑居」、「流寓」都是與原籍（祖籍）相對的概念，指因某種原因暫時住在外地或出外謀生的人，而且往往也意味著他們很快就會返回家鄉。在古代中國，只有登記在族譜或親屬名冊上才能被官方認可，否則就會像斷線風箏一樣成為流民，只能加入秘密結社尋求庇護。所以過去雖然人們也用「僑」作形容詞，但卻不用它作名詞來指代個人或群體。

另外，「華」是指華夏、即文明的中心地帶，故除那些短期旅居海外的人，那些長期定居海外與當地人通婚的華人，在古代通常不會被稱為「華人」。在第一章所提到的海外遊記中偶爾會出現「華人」或「中國人」，指的是那些打算回國的人。為免歧義，人們通常使用「唐人」、「閩人（福建人）」、「廣人（廣東人）」等詞來指代他們。這種謹慎的用詞方式，反映出中國人一種根深蒂固的觀念，即長期居住海外的人屬於個人行為，在官方的文化體系中他們並不是完全的「中華」子民。

但國際條約的簽署和民族國家的形成，徹底改變了這種狀況。這要追溯到一八四二年中英簽訂的《南京條約》。條約的簽署是基於國際法的原則，而國際法的基本前提就是擁有明確的主權、人民、領土的「國家」概念。一八四四年英國宣佈將海峽殖民地出生的所有居民，包括華人在內，都視為英國臣民，享有英國的保護。當時清朝尚未設立領事館，為應對這種情況，清朝也開始用「華民」、「人民」、「商民」等詞指代住在當地的華人，並主張他們是清朝的臣民。至此，清廷正式承認了「華僑」的存在。後來清廷允許海外華商和華工與外國人簽訂合同，允許他們攜家帶眷移居海外，還給予那些捐款給清廷的愛國華商官位作為獎勵，並稱他們為紳商。

一八六八年清朝開始向海外派遣領事，並於一八七七年正式實施此事。清廷通過委任當地中華會館的紳商或直接派遣官員擔任領事，並通過領事的報告開始瞭解海外華人的狀況。活躍於一八八〇年代、曾任駐日領事的黃遵憲，在其報告中首次使用了「華僑」一詞，而一八九三年清朝正式廢除海禁，也與此有關。在此期間，一八八五年中法簽訂了《中法天津條約》，結束了中法因爭奪越南宗主權而爆發的中法戰爭，《中法天津條約》中將住在越南的華商稱為「僑居人民」。而在中日甲午戰爭後，一八九五至九六年簽訂的《馬關條約》，則明確提出了互相保護「僑居臣民」的原則。[43]清方稱海外的華人為「僑居華民」，簡稱「僑民」。到十九世紀九〇年代，「華僑」一詞開始廣泛使用，至此「華僑」的概念發生了一百八十度的轉變。

當時的中國正處於社會變革時期。無論是主張君主立憲的章太炎、康有為、梁啟超，還是主張革命的孫中山，其目標都是「驅除韃虜，恢復中華」，即推翻滿族的統治，[44]建立以漢族為主體的民族國家。這兩派都非常重視華僑的力量，希望能獲得愛國華僑在財政和精神上的支持。

一九〇九年統治荷屬東印度（大致相當於現在的印度尼西亞）的荷蘭放寬了移民法，規定凡在當地完成荷蘭學校學業的華人，都可成為荷蘭臣民，並享有荷蘭的充分保護。清廷也藉此機會制定了以血統主義為原則的國籍法，規定只要父母任何一方具有中國籍，其子女便自動獲得中國籍。在實際操作中，雖然只要華僑繼續留在海外，清廷就無法為其提供實際的保護，但一旦他們回到中國，便可獲得清廷的保護。清廷並不要求他們放棄外國國籍，而是將所有華人都視為中國國民，這也意味著清廷默認了雙重國籍的存在。而臺灣的國民黨政府都繼承了這一原則。中國大陸直到一九七六年周恩來提出鼓勵華僑融入當地社會的政策，才改變了這一做法。此後，夾在各國民族主義之間的華僑，在身分認同方面陷入了兩難的境地。

43 譯按：查《馬關條約》落款明治二十八（一八九五）年四月七日（光緒二十一年三月二十三日），不在九五、九六年之間。而按《條約》漢文版第六款第一條，定「現今中國已開通商口岸之外，應准添設下開各處，立為通商口岸；以便日本臣民往來僑寓、從事商業、工藝製作。」日文版同之。故未見「明確提出了互相保護『僑居臣民』的原則」。此據原文譯出。

44 譯按：康梁固然不是要推翻滿族統治，此據原文譯出。

「天下為公」

「天下為公」一詞本出自《禮記》卷九，而眾所周知，中國革命之父孫中山也非常喜歡用這句話作為自己的政治口號。在廣州的中山紀念堂的匾額上以及舊金山唐人街的入口處都刻著這四字，而且在其右側還刻著「信義和平」，左側刻著「忠孝仁義」。這句話的意思是「天下是天下人的天下」，而住在此的人都是公民，也是世界公民。

一九〇三年革命家鄒容在上海出版了《革命軍》。在該書的附錄中有兩首《革命歌》，呼籲華僑要改變舊有的觀念，積極參與救國。孫中山重印了這本書和歌曲，並將其發放到旅居美國和東南亞的華僑，號召他們起來革命。為爭取東南亞華僑的支持，孫中山首先強調恢復漢族的統治（「驅除韃虜、恢復中華」），這需要會黨（秘密結社）成員的支持，而孫中山在東南亞的活動中心則是新加坡。

孫中山成立了興中會，並在廣州發動起義，但以失敗告終。興中會的主要成員尤烈逃往新加坡，打擊康有為等保皇黨勢力。而孫中山在日本和夏威夷短暫停留後，於一九〇五年在東京成立了中國同盟會。翌年，孫中山又在新加坡成立了同盟會分會，並逐漸發展成為「南洋總機關部」，在吉隆坡和檳城也設立了同盟會分會。一九〇七年，同盟會在潮州、雲南河口等地起義，但都失敗。不過此時同盟會已獲得新加坡和馬來亞華僑的堅定支持，在新加坡，木材商張永福、綢緞商陳楚楠、橡膠園主陳嘉庚、糖王黃仲涵等，都是同盟會的重要成員。而在檳城，貿易商吳世榮等都是同盟會的骨幹。

辛亥革命後，同盟會的南洋總機關部遷往檳城，當地也成了華僑支持革命的中心。之後就任中華民國臨時大總統的孫中山，在上海成立了華僑聯合會，由汪精衛任會長，吳世榮任副會長，負責在世界各地組織華僑，並讓六位華僑代表加入南京臨時參議院，是世界上首個允許移民代表參政的國家。而選舉工作則由各地中華總商會、中華會館、閱書報社（宣傳圖書館）這三個團體負責組織。如果說孫中山是革命之父，那麼華僑則是革命之母。在同盟會發動革命的過程中，得到了許多華僑有力人士在資金和物質上的大量支持。同盟會後來改名為國民黨，並於一九二八年在南京建立了國民政府。

由於這種歷史淵源，新加坡、馬來亞的華僑與國民黨的關係非常密切，而臺灣政府也繼承了這種關係。而隨著日中戰爭爆發，新加坡富商陳嘉庚被推選為南洋華僑籌賑祖國難民總會主席。後來他反對蔣介石，並於一九四九年到北京，加入中央人民政府委員會，並先後擔任第一至三屆中國人民政治協商會議全國委員會副主席、中華全國歸國華僑聯合會主席。可見在廣義上講，也有許多華僑支持共產黨政權。

從華僑在政治上的選擇以及其愛國情懷來看，我們可以發現影響華僑行為的幾個因素。首先是「中國的影響」。自古以來中國不止是一個政治實體，還是一個文化實體，擁有同化和融合不同民族的歷史和傳統。姑且不論融入當地社會的華人，那些仍在海外過活的華僑，心中都有一個中國。他們對中國文化的認同感很難消除，尤其是在中國實現政治統一或即將實現統一時，「中國的影響力」會變得十分巨大。而反過來，如果中國處於分裂狀態，國共兩黨長期對峙，那海外華僑的期望就會破滅，他們對中國的情感也就僅剩下對家鄉的思念了。

華僑研究專家王賡武先生曾提出一個很有意思的觀點：「關於民國革命後愛國華僑史的研究，主要集中從中央政府的角度以及從國民黨政策的角度來解讀，而很少探討華僑與其家鄉及家族之間的關係，故人們會認為愛國華僑超越了狹隘的鄉土情懷，在國家層面做出了許多貢獻。但也有人認為，大多數華僑仍與家鄉保持密切聯繫，並持續向家鄉匯款。」他還認為：「放眼整個東南亞的華僑，只有少數人會因受中國政治形勢的影響，而在政治上表現出積極的態度。無論他們是支持國民黨還是共產黨，他們都只占所有華僑中很小的比例，絕大多數華僑都不會公開表明自己支持國共哪一黨，他們會效忠自己居住的國家。」

儘管如此，正如「天下為公」的口號所示，二十世紀的華僑，無論是主動地還是被動、情願還是不情願地，都必須做出自己的身分認同。一開始他們會響應來自中國的號召，接受中國籍法的約束，後來則要面對居住國的民族主義的挑戰。

2 「不受歡迎的客人」？

泰國民族主義

在近現代各國對華僑的排斥事件，應按具體情況來具體分析。澳洲和北美因為需要大量勞工來開採金礦和修建鐵路，故在很短時間內就接納了數萬甚至數十萬，幾乎全部由華工組成的移民。在局部地區，華工人口比例甚至一度超過當地白人人口比例（例如在澳洲一度高達百分之十二點五），故華工被當地白人視為搶奪工作的競爭對手，並引發了許多打砸搶燒的暴力事件。一八六一年和一八八八年澳洲實施移民限制法案；一九〇一年澳洲聯邦成立後，頒布了更加嚴苛的移民限制法案，所有亞裔移民入境都必須通過歐洲語言五十個詞語的測驗，這項法案直到一九五八年才被廢除。而美國則於一八八六年頒布了《排華法案》，此後一直對華僑實行歧視政策，直到第二次世界大戰中美結成同盟後才有所改變。

亞洲華僑之所以被視為「不受歡迎的客人」，儘管與各國民族主義的興起有關，但具體情況又有所不同，必須結合各國具體政策和歷史背景分析。特別是在整個東南亞，華人移民主要分為三類：「華商型」、「華工型」和「（愛國）華僑型」。而其中「華商型」是主體，而「華工型」和「（愛國）華僑型」則處在邊緣地位。故我們在分析當地人排斥華僑的原因時，首先要搞清楚他們排斥的是所有華人移民，還是特定的類型。

以泰國為例，一九一〇至二〇年代是華僑從華南大量湧入泰國的時期。當時泰國急需勞動力，除了農業，六到七成的熟練和非熟練勞動力、八成五的工商業者以及九成的貿易商都是華人。雖然這在一定程度上緩解了泰國的勞動力短缺，但隨著時間推移，勞動力也逐漸趨於飽和。一九三〇至三三年，由於全球經濟大蕭條導致橡膠和錫的價格暴跌，工資也隨之下降，移民數量也急降。不久之後，日軍占領了華南的港口，在太平洋戰爭時期，中國禁止國民出國。二戰後，泰國政府於一九五〇年頒布了移民法，規定每個國家的移民配額都是二百人，並且提高了移民登記費，故只有富有的商人才有能力移民到泰國。

在減少移民數量的同時，泰國政府還推出了一系列限制華僑發展的勞工政策、經濟民族主義以及文化同化政策。一九三二年泰國爆發了立憲革命，結束了泰國的君主專制，新政府開始推行國營化農業和限制華僑從事特定職業。一九三四年在中華總商會之外，泰國政府又成立了曼谷商會，其成員全為泰人。一九三六年頒布了商業登記法，所有商業活動都要接受政府的監管，商店的招牌也必須用泰文書寫。另外，政府還加大了對農民貸款信用合作社的投入。

中國國民黨政府推行的民族復興政策，主張要在海外普及中文教育、開辦華人學校，但遭到了泰國政府的強烈反對。而那些在中國大陸出生的華僑，他們非常重視子女的教育，例如在馬來西亞的華人子女，進入華人學校和教會學校的比例非常高，因為馬來西亞六成以上的華僑都在中國大陸出生的。而在泰國，雖然本土出生的華僑較多、占四成左右，但從一戰起，入學讀書的華人也不斷增加，其數量幾乎與馬來西亞的華僑相當。在東南亞國家中，泰國率先於一九一九年頒布私立學校法，要求外國人學校的校長必須擁有泰國中學教育的學歷，要求外籍教師必須通過泰語考試，並規定泰語課程占總課時的比例。一九二一年的義務教育法則規定所有適齡兒童都必須接受泰國教育部規定的四年制初等教育。一九三二年，泰國政府進一步削減華人學校中文教育的課時，將其列為第二外語，並且鼓勵學校聘用更多泰籍教師。

雖然之前泰國社會的華人融入情況一直很好，但泰國政府之所以要強制推行同化政策，除泰國民族主義的興起，也與華僑融入速度減緩有關。隨著移居泰國的華僑減少，移居泰國的女性數量卻在增加，這導致中式家庭增加，華人女子學校也越辦越多，人們對中國傳統習俗也越發重視。諷刺的是，在主張推行改革的新政府官僚中，有不少人是已經融入到泰國社會的富裕華商的後裔，在他們眼中，只有泰國的歷史和文化才代表著文明，而那些依然固守中國文化的華人則遭其排斥。國民政府希望能獲得泰國政府的外交支持，故一直主張要聯合起來反對西方列強、特別是英國，但親英的泰國官僚並不信任華僑，他們將那些在中文報紙上發表政治言論的華僑，視為在泰國建立國中之國，意圖分裂泰國。

一九三八至四四年間，鑾披汶（Phibunsongkhram）首次擔任泰國總理期間，大力推行經濟和教育上的泰化政策。在經濟上，政府直接干預碾米業、煙草業、航運業和石油業，以便將其轉移到泰國人手中，並修訂了所得稅法，加重了華僑的稅負。在文化方面，政府加強控制華人學校和華文報社。一九四一年，日軍入侵泰國，並一直占領到二戰結束。而在日本戰敗後，曼谷的華僑還與泰軍衝突過。一九四六年中泰建交，兩國關係得以緩和，但泰國政府並未放鬆其同化政策。面對泰國政府在教育、參政權、外國人登記費、入境費等方面限制華僑，華僑的不滿情緒也越加強烈。但原應領導華僑的中華總商會，卻因內部對國共兩黨的支持存在分歧而無法團結一致。一九四八年，隨著中國大陸的局勢朝著有利於解放軍的方向發展，鑾披汶再任總理，連同第三次任期，鑾披汶出任總理一直至一九五七年。

一九四七年，由泰國人和華僑共同組成的中央工會成立，但翌年中央工會被泰國共產黨控制，華人學校也遭到滲透。鑾披汶政府加強了對國民黨和中共的警惕，而在經過一段親北京的時期後，泰國華僑在韓戰爆發後開始保持中立，靜觀其變。在華僑對未來充滿疑慮之際，泰國政府大幅提高了外國人登記費，並且開始鎮壓華僑商會、社團和學校的親共負責人。泰國政府不承認北京政府，也反對其加入聯合國。

一九五五年在印尼萬隆召開的亞非會議上，泰國政府與北京政府接觸。在得知新中國與印度尼西亞簽訂了關於解決華僑問題的協定後，泰國政府開始考慮與北京建交，發展雙邊貿易。泰國政府也廢除對中文報紙的審查，那些擁有泰國國籍的華人可以自由選擇加入任何政黨，中國的商品也開始在泰國的市場上大量出現。一九五一年，鑾披汶第三次擔任總理，他在繼續推行溫和同化政策的同時，也開始積極推進經濟民族主義政策。其主要內容是支持泰國人從事經濟活動，並提供職業教育；限制外國人從事經濟活動；加大政府對產業的干預和扶持半官方的泰國商業和金融企業的發展。在教育方面，重點是取締那些政治立場鮮明的華人學校，推行教職員工和課程的泰國化和限制華人學校的資金來源，並且取得了預期的效果。

印尼的公民權問題

一九七〇年代末，我在大阪遇到了一位來自臺灣的華商，他向我講述了他在日本所經歷的種種磨難。隨著話題的深入，他說道：「在印尼做生意要比在日本容易得多。我認識的那些人生意都做得很好。」其實這種說法我也經常聽到。在日本，無論是移民還是經商都非常困難。但印尼的公民權問題和印尼人對華人的排斥，也是世人皆知的。法律層面和現實生活層面的情況，是否有所不同？

如果從印尼的風土人情，和華僑在商場上依靠宗族和鄉黨關係所形成的網絡來看，這位臺商的話有一定道理。眾所周知，大多數臺灣人都來自福建南部，而自十七世紀以來，大量閩南人開始移居到爪哇島和蘇門答臘西部，並通過貿易、商業、種植園經營和勞動積累了大量財富。荷蘭自一六一九年在巴達維亞（今雅加達）建城後，就開始實行分而治之的政策，旨在阻止不同種族之間的融合。荷蘭殖民政府實行居住區隔離制度，將華人趕出農村，並強迫他們住在城市中。荷蘭殖民者自己壟斷了貿易和市場，將各種他們力所不能及的行業、商業和金融網絡，交給華人管理。在行政上，荷蘭將華人歸類為「非荷蘭臣民」的「外來東方人」。而這種模糊的定位，也是後來印尼公民權問題難以解決的原因之一。雖然華僑在荷蘭允許的商業領域發展壯大，但他們不像泰國華人那樣有機會進入當地精英階層；即使他們在很大程度上已經融入了當地社會，但仍保留著自己的中文姓氏，形成了土生華人群體。

到十九世紀中葉，三分之二的華僑住在爪哇島，而其中又以福建人為主。但隨著印尼其他島嶼上的礦山和農場被迅速開發，來自潮州、客家和廣州的移民也開始湧入這些島嶼，最終在爪哇島和其他島嶼居住的華僑人口比例達到了一比一，新移民並形成了帶有強烈中國色彩的新客社會。隨著一戰期間居住區隔離政策被取消，華商開始進入印尼內陸地區，而這也是印尼公民權問題爆發的前奏。

一九四九年，印尼宣佈獨立。新成立的印尼政府因意識形態相近，在亞洲國家中率先承認了中華人民共和國。一九五〇年代，荷蘭在印尼的商業利益被收回，華僑幾乎壟斷了印尼的所有非農業經濟部門。在一九五〇年代末期，印尼政府又將那些沒有印尼籍的華人趕出農村，迫他們重回城市。當時華人占印尼城市人口的百分之十，占印尼總人口不到百分之三。而接下來的問題，則是公民權的歸屬問題。

一九四九年，印尼政府與中國政府協商，決定對所有在印尼出生的華人後裔實施以下政策：（a）如果他們沒有特別聲明，則自動獲得印尼公民權；但（b）如果他們在一九四九年到一九五一年的期限內拒絕加入印尼籍，則被視為中國公民。選擇（b）的大多數是新客的第二代，而選擇（a）的則擁有雙重國籍。之後印尼政府又規定，截止到一九六二年一月，凡在印尼出生的華人，而又能提供出生證明或近期在選舉投票的證明，都可獲得印尼籍，但他們必須放棄中國籍。而那些沒有這樣做的雙重國籍者，將失去印尼公民權。在當時的二百五十四萬印尼華人中，有一百萬人出生在印尼以外的國家和地區，二十萬人雖然出生在印尼，但其父母在一九五一年時拒絕了印尼籍，還有五萬人是父母擁有中國籍。這總共一百二十五萬人，基本上都是中國公民。而在剩下的大約一百二十萬人中，有二十萬人是在印尼出生，但其父母在一九四九年到一九五一年間選擇放棄了印尼籍，但其子女當時年紀太小，未受到父母決定的約束。剩下的大約一百萬人，則在一九六二年之前選擇了雙重國籍。由此可見，在一九六二年加入印尼籍的華人並不多，因為他們要主動提出申請，並且要辦理一系列複雜的法律手續。據估計，大約有六十到八十萬人加入了印尼籍，而他們大多是土生華人。

當時印尼的工商業者，與在印尼出生和擁有中國籍的華人競爭十分激烈，而在資金實力、業績、經驗和商業網絡方面，華人占明顯的優勢。印尼人認為「華人就算加入了印尼籍，骨子裡仍是中國人」，而且印尼的穆斯林堅信只有擁有相同的宗教信仰和道德準則的才是自己人，故他們將華人視為一個排他的少數群體。

印尼政府不將人們劃分為本國公民和外國人，而是用原住民和非原住民來區分印尼人。印尼政府禁止華人購買土地，並且在國立大學招生時，也優先錄取原住民學生。一九五四年，印尼政府開始限制非印尼籍者經營碾米業。一九五七年，印尼軍方下令取締中文學校，即是禁止在印尼出生的華人就讀中文學校。一九六三年五月，爪哇島爆發了大規模的反華暴亂。一九六五年，印尼發生了「九三〇事件」，蘇哈托（Suharto）隨後成立反共政權，廢除印尼與中國簽訂的雙重國籍協定，並強制所有華人融入當地社會。

但如果認為印尼政府為推行民族融合政策而實行的一系列歧視性政策，導致了華人的經濟活動徹底停擺，那就過於片面了，事實上這也是不可能的。印尼政府更務實的做法，是與華僑在經濟領域合作和妥協。而另一方面，正如王賡武先生所說，只有少數華僑出於政治目的，才會公開宣稱自己的祖國是中國，大多數華僑為了自身發展，都非常重視鄉黨和宗族的紐帶，在政治上則選擇支持印尼政府。在「九三〇事件」中，直接遭到打擊的是親北京的約五十萬名華僑，而親臺灣的大約一百五十萬華僑則沒有受到牽連。

馬來西亞的情況

在以殖民地貿易為中心的經濟政策指導下，英國對馬來半島的政治版圖產生了巨大影響。首先，英國於一七八六年到一八二四年年間占領了馬六甲海峽沿岸的一些重要港口，並將它們合併為海峽殖民地（包括新加坡、檳城和馬六甲）。接著，英國又將盛產錫礦且有發展種植園農業潛力的一些蘇丹國（霹靂、雪蘭莪、森美蘭、彭亨），於一八七四年到一八九五年逐步納入英國的保護，並將它們合併為馬來聯邦。一八九五年到一九四一年間，這些蘇丹國被整合為一個聯邦，其首府為吉隆坡。此外，還有一九〇九年英國通過與泰國交換領土而獲得的吉打、玻璃市、吉蘭丹、登嘉樓和柔佛，它們被稱為馬來屬邦。

二戰後，隨著殖民統治的結束，原本屬於英國殖民地的馬來亞在一九五七年加入了新成立的馬來亞聯邦。一九六三年，砂拉越、沙巴兩個東馬來西亞的邦和新加坡加入了馬來西亞聯邦。故人們常將一九六三年作為一個分界線，在那之前稱為馬來亞，在那之後則稱為馬來西亞。一九六五年，新加坡脫離聯邦，成立了新加坡共和國。一九七四年，馬來西亞聯邦直轄區成立。此外，西馬來西亞各蘇丹國的邊界並無發生大的變化。

馬來亞人口變化				
	1911	1921	1931	1940
馬來人	1,416,796	1,651,051	1,962,021	2,286,459
華　人	915,883	1,174,777	1,709,392	2,358,335
印度人	267,159	471,666	624,009	748,829
其　他	72,916	60,560	89,924	112,471
	2,672,754	3,358,054	4,385,346	5,506,094

圖十三　馬來亞人口變化

一八二〇年代，馬來亞的人口僅有五十萬，且絕大多數是馬來人。到一九五七年，馬來亞的人口迅速增長到七百七十二萬五千人，其中包括馬來人、華人、印度人等多個族群。一九一一年到一九四〇年間，由於大量華人和印度人移居馬來亞，在一九三一年，華人加上印度人的人口總數一度超過了馬來人。而歐洲人和其他民族的人口比例，則始終保持在百分之二以下。到一九七八年，華人人口已占馬來西亞總人口的百分之三十三。

馬來半島的主要鐵路線都位於西岸，主要港口和城市也集中在西岸，這一點與臺灣非常相似。馬來半島的主要產業是錫礦開採和橡膠種植，錫礦開採興起於十九世紀中葉，橡膠種植則始於二十世紀初，這兩大產業都集中在西岸及其附近。隨著二十世紀馬來西亞的現代化和民族主義的快速發展，如何在近一、兩個世紀以來形成的多元民族社會的背景下處理好民族關係，是擺在馬來西亞政府面前的一個重大挑戰。

日軍入侵馬來半島後，為鎮壓當地人的反抗，將許多住在城市的華人趕到農村。那些失去財產逃到農村的華人開始非法佔地。他們大多生活貧困，並成立了馬來亞共產黨，組織遊擊隊抗日。日本戰敗後，又爆發了馬來人與華人之間的暴力衝突（一九四八年到一九六〇年）。事實上，華人和馬來人之間的矛盾早在一九三〇年代的世界經濟大蕭條時期就已經出現了，原因是英國殖民政府的農民政策搖擺不定，而日軍的入侵則加劇了這種矛盾。一九五〇年代，英國殖民政府在馬來亞設立了三十個「新村」和二百四十個種族隔離區，將那些住在特定地區的華人，約占當地居民總數的三分之一，遷到這些地區。這些「新村」和種族隔離區，大多分布在礦區、種植園附近和一些古老的城鎮。也就是說，隨著經濟大蕭條的到來，失業華人也大幅增加。

首先，隨著二十世紀初錫礦開採技術革新，蒸汽機、抽水機、挖土機等新技術開始應用於錫礦開採，殖民政府也開始管理錫礦的稅收和礦區的治安。這導致原本依靠人工開採錫礦、並獲得暴利的時代一去不復返了，而那些易於開採的淺層礦脈也逐漸枯竭。失業的華僑礦主和礦工，有的通過獲得政府的許可證在礦區售賣蔬菜等農產品，有的則成了人力車夫，甚至流落街頭（澳洲的金礦也出現了類似情況）。政府允許他們耕種的土地面積很小，而且並無給予他們土地所有權；但只要耕種滿六十年，就可擁有該地。

在英屬馬來亞，馬來人的稻米自給率只有三分之一，而印度人和華人的稻米消費並無被計入其中，故殖民政府不得不從泰國和緬甸進口大米。一戰期間糧食供應不足，故殖民政府開始鼓勵人們種植蕃薯、木薯、煙草、稻米和蔬菜。一九二一年，泰國大米的進口恢復後，那些因橡膠價格暴跌而失業的橡膠種植園的工人，也加入了糧食增產的隊伍。一九三〇年代的世界經濟大蕭條時期，錫礦業也遭受了巨大衝擊，殖民政府被迫將一些華人礦工遣返回國。這些華工在移居馬來亞前多是農民，在經歷了種種磨難後，他們逐漸成了非法耕種的農民，且人數不斷增加。

橡膠種植業的情況則有所不同。隨著美國汽車工業的興起，和汽車生產自動化的發展，馬來半島的橡膠種植業於一九一〇年代迎來了春天。殖民政府擴大了橡膠種植面積，形成了每公頃平均需要一千二百名工人的外資橡膠種植園，和每公頃只需一百五十人的小型橡膠種植園。其中小型橡膠種植園，又有華僑經營的自給自足的家庭式橡膠園，和由馬來人經營的依靠家庭勞動力耕種幾公頃土地的橡膠園。馬來西亞需要大量勞工，英國政府則是從印度東部的泰米爾納德邦引進了大量印度勞工，並於一九〇八年成立了泰米爾移民基金，來調節勞工的供需平衡。

橡膠樹在種植六年後就可以割膠，並在接下來的五年，產量達到頂峰。即使過了橡膠樹的盛產期，至少還可再割膠二十年。雖然華僑在開墾土地、精細化管理和病蟲害防治方面技藝嫻熟，但與性格溫順的泰米爾人不同的是，如果他們對工資不滿意，就會離開另謀生路。一九二〇至四〇年間，隨著橡膠價格下跌，橡膠種植業的黃金時代宣告結束，許多勞工返回印度或中國，而那些沒有離開的勞工則失業了。

這時人們發現，在經歷了第一代橡膠樹的種植後，依靠第一代橡膠樹的種植技術和家庭勞動力經營的小型橡膠園，反而更能抵禦經濟蕭條的衝擊。

二戰結束後，隨著馬共叛亂的平息，和韓戰爆發後橡膠價格的回升，殖民政府開始恢復橡膠種植業。新成立的馬來亞政府領導人，用產量更高的新品種橡膠樹替換了大型橡膠園十分之一的橡膠樹，和小型橡膠園三分之一的橡膠樹。以執政黨馬來民族統一機構（UMNO）為主的新政府，為提高基層人民的生活水準，通過農村基層組織推行各種措施改善馬來人的生活，尤其是那些擁有少量土地或沒有土地的馬來人，如鼓勵種植椰子樹（油棕櫚），和對印度人控制的大型種植園實行種族和文化隔離。由於那些生產效率低下、收入微薄的農民多都是馬來人，故政府開始修建農村道路，改善農村基礎設施，旨在改善長期以來被忽視的農村地區，即馬來人的生活狀況。但推行這項政策，也必然會導致不同種族之間磨擦。

新加坡的獨立

接著，我們再來看看當時的政治局勢，可以參考戴國煇先生主編的《更瞭解華僑》（もっと知りたい華僑）[45]，和須山卓先生等人合著的《華僑》。日本戰敗翌年，即一九四六年，英國制定了《馬來亞聯合邦憲法》。因其不分種族賦予市民權，華僑不滿之餘，主張「馬來人的馬來亞」的馬來人也感到不滿，於是馬來民族統一機構（UMNO）應運而生。該組織表面上致力建立複合民族國家，實際上卻意圖限制外來民族的公民權，特別是華僑。於是華僑組成政治團體馬華公會（MCA），印度人則成立馬來西亞印度國民大會黨（MIC）。

一九五七年，馬來亞聯邦宣告獨立。在UMNO的領導下，馬來人、華人、印度人達成妥協，成立了由馬來人、華人和印度人共同組成的反共右翼聯盟政黨，並贏得大選。一九五九年，馬來亞舉行了首次普選，在總共一百零三個議席中，聯盟政黨贏得了七十三席，其中 UMNO 贏得了五十二席，MCA 獲得了十八席。

一九六三年，馬來西亞聯邦成立。聯邦議會共一百五十九個議席，其中馬來亞一百零四席，新加坡十五席，沙巴和砂拉越四十席。由於議席是按各地區的人口比例分配，令新加坡這個華人人口比例很高的地方對此不滿。而在一九六七年後，馬來語成了馬來西亞的唯一官方語言。在初等教育階段，小學被分為「標準學校」（National schools）和「標準型學校」（National-type schools）兩種，在標準學校，除了教授馬來語，還教授英語，而在標準型學校，則教授英語、中文、和印度語言這三種語言。在英語標準型學校，學生必須學習馬來語；而在中文和印度語言的標準型學校，學生必須學習馬來語和英語。當時新加坡百分之七十的人口是華人，而社會精英則大多畢業於英國的大學，或接受過英語教育，他們比較國際化。大多數

45 譯按：弘文堂，一九九一。

普通華人則畢業於中國大陸或新加坡的中文學校，總體上他們都具有反殖民主義和反日情緒。在馬來西亞聯邦的未來發展方向上，新加坡人也與馬來西亞政府意見相左，這主要是因為新加坡華人比例很高，他們更重視自己的利益。

此外，新加坡和馬來西亞政府在現代化的道路選擇上也存在分歧，這分歧在一九六〇年代馬來西亞聯邦的建國過程中就已出現，而社會主義中國的影響也不容忽視。溫和的民主社會主義領袖李光耀於一九五四年成立了人民行動黨（PAP），他團結了左翼勢力，並利用華人的民族主義情緒擴大了PAP的影響力。一九五七年，馬來亞聯邦宣告獨立；一九六三年，馬來西亞聯邦成立。就在馬來亞聯邦朝著馬來西亞聯邦的目標邁進的敏感時期，李光耀通過公民投票，使新加坡加入了馬來西亞聯邦。但李光耀與UMNO的領導層矛盾日益尖銳，而PAP內部的親共派，也與李光耀分道揚鑣。一九六五年，馬來半島和沙巴、砂拉越的政治領袖，擔心在以UMNO為首的中央政府的領導下，馬來人會獲得更多的特權，為阻止這種情況的發生，他們成立了馬來西亞團結大會（Malaysian Solidarity Convention）。而UMNO則利用在中央政府的影響力，將新加坡驅逐出馬來西亞聯邦。一九六五年八月，新加坡被迫宣佈獨立，成立新加坡共和國。一九七〇年代後期，隨著中國的貿易自由化政策推行，中國的影響力也隨之發生變化，主張中立政策和自由貿易的新加坡，也開始進入經濟高速發展時期。

3 開國後的日本華僑

開港後的轉變

日本自一八五四年（安政元年）起，相繼與美、英、法、普魯士、俄羅斯、荷蘭等國簽訂了通商友好條約，並陸續開放了箱館（一八六九年改名為函館）、神奈川、長崎（一八五九年）、兵庫、[46]大阪（一八六七年），和新潟夷港[47]（一八六八年）為通商口岸。這對在日清人來說，無疑是一大打擊。

首先，從法律地位上說，由於清廷與日本沒有正式的外交關係，故明治四年

（一八七一年）中日簽訂《中日修好條規》之前，清朝人都被視作無條約國民或無國籍國民，而日本遲遲未向清廷派遣領事。再加上領事抵達各港的時間不一，故在此期間，華人只能靠自己的力量加強各地會館和公所之間的團結，並由其代表來維護華人的權益。而清朝派遣領事後，直到一九〇九年才開始利用以血統主義為原則的國籍法來保護海外華人。

在經濟上，幕府廢除長崎的貿易壟斷政策，成立了長崎會所來管理外貿，這對清朝商人也是一個沉重的打擊。荷蘭因條約而退出長崎貿易，卻令中國商船一度意外地獲得良機，自貞享令（一六八四年）以來日本輸出海外的重點項目「銅」，以及海產，都集中到中國商船。日本出口到中國的海產中，百分之七十通過上海進入長江

46 譯注：今稱神戶，兵庫則成為縣名。
47 譯注：今佐渡島的兩津港。

流域被消費掉，另外百分之三十則被運往廣東和東南亞。但在一八六三年薩英戰爭結束、英國勝利，英國強迫幕府停止華商對銅和海產貿易的壟斷，因此失去意義的長崎「唐人屋敷」也關閉了。清朝商人被迫遷往長崎的新地中華街，即現在的長崎中華街，或在外國人的租界內擔任買辦和傭人。在其他開放的口岸，也出現了類似情況。作為一種妥協，日本方面允許清朝商人在租界內居住和經商，交換條件是當地官員會與外國人和外國領事合作，管理那些無條約國的國民。日本自一八六七年起要求外國人每年登記在「籍牌」（居民登記），這項政策一直持續到明治十年以後。

對於清朝商人來說，雖然與其他外商競爭中處於劣勢，但情況也並非完全是壞消息。畢竟日本直到二十世紀初，即日俄戰爭後，才真正開始工業化進程。我後面會講到神戶華商吳錦堂的例子。當時日本對中國的出口，主要以農產品和海產為主，後來則變為火柴、肥皂、雨傘和棉紡織品。由於地理位置和運輸條件的限制，原本以出口農產品、海產和日用百貨為主的長崎港逐漸失去優勢。長崎、橫濱和函館三者比較，長崎占日本出口總額的比例，從一八五九年的百分之七十七，下跌到一八六七年的百分之十五，而同期橫濱則猛增至百分之八十。橫濱的主要出口商品是生絲、蠶種、茶葉和棉花。其中生絲和茶葉主要出口到美國，但其實三港主要出口商品都是以銷往中國為目標的。隨著貿易結構的調整，在日清商各幫的實力對比也隨之發生了變化，他們在各個通商口岸的影響力也此消彼長。

在明末清初，以進口日本銅為主業的三江幫（主要來自江蘇和浙江的商人，其中以上海和寧波商人為主）率先在長崎修建興福寺，作為其聚會場所。後來為遏制金銀外流，第八代將軍德川吉宗開始開發蝦夷地（北海道），並用海產取代金銀出口。控制著上海和中國內陸市場的三江幫，也因此更加壯大。隨著唐人屋敷的關閉，三江幫開始將其商業觸角伸向神戶、大阪和函館。從寺廟到會館的轉變，反映了華人社會組織的變化。一八七〇年，福建會館在長崎成立；一八七一年，三江公所成立；一八七六年，福州系的福建公所（八閩會所）成立，長崎也成了福建人的重要據點。約在這時，來自廈門的陳國樑父子三代在長崎經營泰益號商社。在明治、大正和昭和初期，他們主要從事向上海、臺灣、廈門、香港和新加坡出口農產品和海產的貿易，同時也進口一些日用百貨。陳國樑的兒子陳世望擔任了福建會館的理事和總商會的會長，並成為長崎華僑海產商的領袖。

在神戶，福建公所成立於一八七〇年，三江公所成立於一八七一年，廣東公所則成立於一八七六年，三個商幫在神戶勢力相當。在大阪，三江公所成立於一八八二年，由三江、山西和湖南人組成的南幫公所成立於一八八七年，而由河北人和山東人組成的北幫公所則成立於一八七六年。當時由大阪商船所載的棉織品，正積極向華北和東北地區推銷。後來三江幫在大阪的勢力漸衰，而來自福建和臺灣的商人則不斷增加。

在橫濱，最早來到的是廣東和上海的英法商人，他們來採購生絲，故許多與他們關係密切的廣東人也隨之而來，大多擔任買辦或商社職員。根據當地會館和公所成立的時間來看，三江公所成立於一八八七年，廣東人的親仁會則成立於一八九八年，在親仁會之下，還有全由珠三角出身的商人所組成的三邑公所（一九二一年）、四邑公所（一九一九年）和要明公所（一九二〇年）。在一八九九年，日本郵船開通了從函館直航中國的海產運輸線路之前，英國和美國的船運公司都經橫濱將海產運往中國，故許多來自廣東的海產商人，也紛紛來到橫濱與三江幫競爭。可能因生絲和茶葉，都是由日本的批發商負責將商品出售給外國的船運公司和日本郵船，然後再出口，故橫濱的華商除擔任外商的買辦，還經營著藥材、白糖，和其他日用百貨如棉花、陶瓷和漆器等的貿易。

神戶的吳錦堂

在明治和大正時期，阪神地區有一位非常有名的華商巨賈，他就是吳錦堂（名作鎮，一八五四至一九二八）。他與浙江財閥關係密切，並且曾在其位於神戶明石舞子的豪宅八角堂接待過孫中山和蔣介石。吳錦堂的一生，是日本華僑奮鬥史的一個縮影。

山口政子在其論文中（收錄於山田信夫先生主編的《日本華僑與文化摩擦》（日本華僑と文化摩擦）中）詳細考證了吳錦堂的家族史。他出生於寧波府慈溪縣，即杭州灣沿岸的一個沙岩丘陵地帶，當地以出產江南棉花中的餘姚棉而聞名。吳錦堂家裡雖有田地，但生活並不富裕。作為家中五個兄弟中的大哥，為減輕家庭負擔，他來到上海一家香燭店打工。當時的上海聚集了許多來自寧波的商人，他還經常往返於蘇州和上海之間，積累了資金和經商的經驗。

中法戰爭（一八八四至一八八五年）結束後，中國經濟陷入衰退，吳錦堂和兩位朋友帶著一千兩白銀來到長崎售賣棉布。後來他們又做起了長崎和神戶之間的貨物運輸生意，並且獲得了成功。之後，吳錦堂搬到大阪、再遷到神戶，並在神戶成立了一家名為怡生商號的貿易公司，註冊資金三十萬元。隨著神戶和大阪輕工業的發展，在明治二十年代[48]後期，滝川辨三在神戶成立了一家大型火柴廠清燧社。吳錦堂負責將清燧社的火柴銷往中國上海、江南和長江中下游地區，而廣東商人麥小彭則將火柴銷往華南和東南亞地區。他們都成了神戶華商中的領袖人物。後來隨著日本棉紡業的興起，吳錦堂又開始從事中國棉花的進口貿易。甲午戰爭爆發後，他也沒有離開日本，並繼續從事中日貿易。一八九六年（明治二十九年），鐘淵紡績株式會社（鐘紡）兵庫工廠開始運營，吳錦堂最初負責進口江南棉，並向中國出口神戶生產的棉紗和棉布。不久之後，他就購買了鐘紡的股票，並成為鐘紡的第八大股東。依靠鐘紡股東的身分，他又當選了神阪中華會館的理事長、即三江幫的領袖。

48 譯注：一八八八至一八九八。

日俄戰爭期間，吳錦堂購買了一艘德國商船，將其改名為錦生號，為日軍運送軍需品。一九〇六年（明治三十九年），他加入了日本國籍。日俄戰爭結束後，日本經濟陷入蕭條，鐘紡的股價一度暴跌，但不久便迅速反彈。吳錦堂接手了三井家族拋售的股票，並進入鐘紡的董事會，並成為鐘紡在上海的合資公司的大股東。但由於與鈴木久五郎在股票交易上發生衝突，最終以失敗告終。吳錦堂還投資了許多其他公司、如神戶瓦斯、內外棉、大阪針織（大阪メリヤス）、漢冶萍煤鐵公司、漢陽鐵廠等。他還在神戶成立了東亞水泥公司，並購置了兩萬坪土地。此外，他還在日本和浙江購買了許多土地，用於開墾和經營種植園和礦山。他主要與上海的四明銀行進行金融交易。在擔任鐘紡大股東期間，他還安排自己的同鄉擔任了鐘紡在上海的合資公司——上海製造絹絲公司的總經理。其三弟之子吳鼎圖在上海成立了浙江商業儲蓄銀行。

一九二六年（大正十五年），吳錦堂去世。其長女嫁給徐孟彬之子，而徐是吳錦堂的恩人，曾推薦他到上海的香燭店工作。而徐孟彬的兩個兒子後來都到日本為吳錦堂工作。吳錦堂的長子吳啓藩與其父一樣加入了日本國籍，畢業於日本的學校，並負責管理吳錦堂的合資公司。吳啓藩的首任妻子是虞洽卿的女兒虞採蓮。虞洽卿是寧波鎮海出身的買辦，後來成了著名企業家。虞採蓮不幸英年早逝，吳啓藩的續弦丁氏住在上海，但其一兒一女都在日本的學校讀書。其子後來成為日本國立大學醫學部教授。吳啓藩與虞採蓮育有六男一女，不幸其中三子都因病或戰爭而夭折，但吳錦堂的遺業得到了傳承。

在日華商的類型——以函館為中心

參考王賡武教授所提出的華僑四類（參序章），對比在日華僑與其他國家的華僑，我們可以很明顯看到，日本華僑主要可分兩類：「華商型」和現代的「華裔型」。

當然，我們也不能忽視那些在日中戰爭時被強徵到日本的中國人和臺灣人的苦難，也不能忽視那些在清末就來到日本留學或從事學術研究的愛國華僑的活動、和他們在媒體和教育領域的貢獻。但總體而言，日本華僑的生存方式，與中日兩國之間源遠流長的文化和貿易交流密切相關，這一點是不可否認的。

「唐人屋敷」類似於東南亞的「甘榜」（kampung）[49]、即外商的指定居住區，但幕府對外貿的管理非常嚴格。泰國的華人可以擔任王室貿易和稅收承包人，故他們在泰國享有較高的社會地位，而且也可自由遷徙。在菲律賓，麥士蒂索人（皈依天主教的混血兒）也可在馬尼拉和其他地區之間自由往來。儘管京都、大阪和江戶的唐物店和唐本屋[50]很多，但唐商卻不能在日本自由往來。自日本開港到明治、大正和昭和時期，日本華僑的活動方式並無本質上的變化。以下以函館為例來說明這種情況。

函館的華僑社會最初以廣東人為主，後來被來自三江地區的海產商人逐漸取代，再後來則是來自福建福州的流動商販。當年，培理艦隊經下田來到函館考察當地的商業環境和港口條件時，他們還帶了一位來自香港的翻譯羅森。此人後來出版了關於培理艦隊的航海日記，和關於太平天國起義的書籍。不久，來自廣東的成記號商店的掌櫃陳玉祥，也經常來到函館採購昆布和其他海產，並在當地開設分店。一八五九年，函館大町設立了外國人租界，一位美國人和一些清朝商人參與制定了函館的港口管理條例。許多來自長崎、神戶和橫濱的清朝商人遷居函館，他們中有些人擔任了英國、俄羅斯、法國、美國和丹麥等商社的買辦。一八七一年，當時的（譯按：北海道）開拓使將辦事處設在函館，並任命一位英商擔任函館港的港長。一八七二年，開拓使辦事處遷往札幌。第二年，開拓使任命一位廣東商人黃宗祐擔任港長翻譯和負責管理當地的清朝人，他還被派往札幌附近開墾土地。他雇傭了十

49 譯注：為馬來語「村落」之意。

50 譯注：售賣中國書籍的店舖。

名清朝農民和兩名來自清朝的函館皮革加工工人。同年，以兩名代表為首的七名函館清商代表，從開拓使手中獲得了一塊華人墓地，他們將這組織命名為同德堂，其成員包括來自廣東、三江和福州的商人。一八七九年，黃宗祐因與三江幫的訴訟敗訴，被迫離開函館到橫濱。而那些來自上海的三江幫商人，則早在明治初期就經神戶來到函館發展。至此，函館的海產採購業務落入三江幫手中，日本的海產商人也開始與他們展開激烈的競爭。

日本為了直接向中國出口海產，並改善海產的生產和採購體制，於一八七二年成立了官辦的保任社及其上海分公司，但由於生產過剩、價格暴跌，保任社於一八七六年破產。同年日本又成立了廣業商會，在上海和香港設有分公司。廣業商會一直經營到一八八五年。同時，日本政府也開始規範海產行業，並糾正那些清朝商人所帶來的不合理的商業慣例。但由於清朝商人資金雄厚，熟悉中國市場，而且非常團結，故他們與日本商人競爭時一直處於上風。

一八八二年，北海道廳曾派人到中國考察當地的海產市場。根據考察的結果，北海道廳於一八八三年成立了日本昆布公司（一直經營到一八九四年），並委託三井物產負責銷售昆布。此時三江幫成為函館最大的華商團體。一八八五年（明治十八年），他們推舉寧波人張尊三擔任董事（總代表）。因其團結之力，三江幫在與日本海產商、貿易商和批發商的競爭中，始終立於不敗之地。一八九二年（明治二十五年），清廷派駐函館領事，並在三江公所辦公。一九一〇年（明治四十三年），在北海道和庫頁島華僑的支持下，三江公所在函館富岡町修建了中華會館（關帝廟）。

北海道和庫頁島的華僑人數之所以不斷增加，與一八九九年（明治三十二年）頒布的《內地雜居令》有關。該法令雖然依然禁止非技術勞工進入日本，但放寬了對一般百業的限制，允許他們在日本居住和自由遷徙。故許多來自福州和浙江南部、在大阪經營布匹生意的流動商販，開始將其商業觸角伸向北海道等偏遠地區，並在函館和札幌建立據點。但在中華會館建成前後，清朝商人的優勢地位也開始動搖。

自中日甲午戰爭前後，日本開始發展海上加工鮭魚、鱒魚和螃蟹等水產的近代漁業。日俄戰爭後，日本的遠洋漁業也迅速發展，開始在遠東地區堪察加半島捕魚（一八八五年日本郵船公司成立後，日本已建立起一套完善的海產出口體系）。一九一三年（大正二年），日本頒布了《水產製造取締規則》和《重要物產同業組合法》。一九一五年，函館海產同業工會成立，控制了海產的生產、規格和運輸，日本也因此掌握了主導權。就在中日雙方談判是否允許華商加入同業工會之際，日本政府向當時的中國袁世凱政府提出了《二十一條》，意圖擴大日本在中國的利益，令中國國內也爆發了抵制日貨的運動。翌年，張尊三辭去董事職務，返回中國。一九三二年（昭和七年）「一二八事變」爆發後，函館只剩下兩家中國海產商了。

函館中華會館的營運費用，主要來自富有海產商人的捐款（厘金，每月要繳納其營業額的百分之八）。這些贊助人逐漸從來自三江的商人，轉變為以來自福建福清的商人為主（他們從一九二四年起成為中華會館的永久會員）。董事一職則由留在函館的三江幫商人潘蓮夫擔任，而福清商人的領袖則是陳必舉。一九一九年，陳必舉來到大阪本田町為其姐夫工作，其姐夫在當地經營一家貿易公司，同時也兼營流動商販的生意。陳必舉最初幫助姐夫銷售藥品、長崎進口的緞子（產自福建和浙江），和日本生產的緞子。一九二四年，他開始將生意拓展到北海道和庫頁島，還帶領表弟陳恩竹（現任函館華僑總會長陳上梅先生的父親）等人一起做生意。陳必舉非常成功，年營業額高達一萬日圓。另外值得一提的是，長崎中華會館的前會長陳日峰，其祖父是一位來自福清的水手，後來在日本做起了日用百貨生意，再轉型成為流動商販。他在長崎開了一家名為生泰號的商店，其業務範圍涵蓋九州、中國地區、四國和京阪神地區。

但隨著戰爭的影響，維持中華會館的營運也越加困難。一九四一年，函館商工會議所瞭解到那些沒有不動產購買權的華僑的困境後，便出面幫助他們從政府手中購買了位於富岡町的中華會館及其周邊土地，並將土地無償提供給華僑使用。函館的華僑也向北海道和庫頁島的華僑募集資金，最終在九十一名華僑的幫助下，籌集到一部分購地款項，但最主要的，還是要感謝當時的商工會議所會長斎藤榮三郎先生的奔走，最終中華會館及其周邊土地成為華僑的共同財產。同年，北海道華僑聯合會改名為留日北海道華僑總會，並由張仁忠任會長。他來自福建福清，是陳必舉的女婿，畢業於同志社高等商業學校，曾在京都經營綢緞和縐紗的生意，後來來到函館。

戰後，隨著北海道城市化加速，華僑的聚居地也從函館擴展到札幌、旭川、室蘭和釧路等地。隨著不動產投資管道的開放，許多華僑在商業、貿易、金融和服務業領域取得了成功。其子女也都進入國立大學或其他高等院校學習，有的畢業後成為醫生等等。也就是說，日本華僑已進入「華裔」時代。

一九五七年到一九六一年間，函館中華會館的所有權出現了一些問題，但最終憑藉著華僑總會保存的歷史資料，和他們所提出合情合理的主張，通過法律途徑解決了問題。順帶一提，這座建成於一九一〇年的中華會館，是從上海運來建築材料，並聘請木匠、雕刻師和油漆匠等，歷時兩年才建成的。這座純木結構的建築經歷了地震等自然災害的考驗，依然屹立不倒，其內部裝修依然精美，是日本唯一一座由華僑修建、具有紀念意義的歷史建築。與由日本全國華僑共同捐款修建的神戶中華會館（建於一八九二年，後被燒毀）相比，函館中華會館的造價不相上下。但函館中華會館的建築資金全部來自北海道和庫頁島的華僑，這點就值得關注。

終章

宏觀視角下的華僑形象

圖十四　吉隆坡中華大會堂。

兩副面孔，兩個極端

從第二章到第四章，我們回顧了八世紀以來到現代，遍布於東南亞、澳洲、北美和日本的華僑發展歷史，並分析了他們在各時期的具體情況。遺憾的是我們沒有時間去瞭解歐洲、非洲、印度、加拿大、南美、緬甸、越南和柬埔寨等地華僑的情況。

之所以要以時間為軸來梳理各地區的華僑發展歷史，並分析他們面臨的不同環境，是因為我想強調華僑的發展道路並非一帆風順，他們也並非鐵板一塊，最近人們開始反思過去在世界史上，對包括華僑等「平民」的歷史和現狀的忽視。既然我們已經瞭解到華僑的複雜性，那華僑究竟是個甚麼樣的群體？他們究竟是誰？其未來會發生甚麼變化？誇張地說，華僑的本質是甚麼？目前，學者們在研究華僑時，主要有哪些方法？

學術界開始專門研究華僑問題，是從二十世紀才開始的，為時尚短。目前，主要有兩種研究方法：一是社會科學方法，二是歷史學方法。想要全面瞭解華僑問題，就必須將這兩種方法結合起來。那些更重視社會科學方法的學者，如政治學家、經濟學家、社會學家和人類學家，他們更關注宏觀的社會制度的變遷。簡單來說，就是從重商主義到工業資本主義，從亞洲區域內貿易到世界經濟，從殖民主義、帝國主義到第三世界國家的獨立和發展，和由此引發的政治制度向民主化的轉變。他們特別關注少數族群融入到主流社會的過程，無論是在社會結構還是在文化方面，和這過程中所出現的各種問題。他們更傾向於用一些經典的理論框架來解釋華僑問題，故其研究重點往往集中在苦力貿易、種植園經濟、公民權問題、排華運動和經濟民族主義。而關注文化面同化與變遷的社會學者與人類學者，亦注意到國家政策性的「大狀況」與移民本身及其周遭社會文化的「小狀況」之交會。

在此，可以參考一九七五年逝世的牛津大學人類學家斐利民的觀點。[51] 他曾在新加坡和馬來亞做過田野調查，又深入研究過華僑的故鄉，即華南地區（廣東和福建）的社會文化，特別是親屬制度，並最終提出了一個非常有影響力的理論模型。他出生於一個猶太移民家庭，畢生致力於消除種族歧視，故其分析非常深刻。他反對泛猶太主義、泛中華主義等主觀而武斷的偏見，同時認為應分析那些導致少數族群被邊緣化的社會結構。海外的華僑社會，為研究少數族群問題提供了一個很好的樣本，他也意識到海外華僑社會的社會文化，並不是中國本土社會文化的簡單複製。

51 譯注：斐利民（Maurice Freedman，一九二〇年十二月十一日—一九七五年七月十四日）為研究華人社會的社會人類學家，生於倫敦猶太移民家庭。畢業於倫敦國王學院，二戰期間服役於英國皇家砲兵隊，後於一九四六年進入倫敦政治經濟學院（LSE）攻讀人類學碩士，並於一九四八年完成以英屬馬來亞種族關係為題的碩士論文。同年，他與人類學家裘迪．加摩（Judith Djamour）結婚。一九四九年至一九五〇年間，夫妻二人在新加坡進行田野調查，研究華人和馬來家庭生活，並分別出版《Chinese Family and Marriage in Singapore》（1957）及《Malay Kinship and Marriage in Singapore》（1959）。一九五六年，斐利民以研究海外華人的博士論文取得倫敦大學博士學位，並出版重要著作《Lineage Organization in Southeastern China》（1958）。一九六二年，他與G. William Skinner創立倫敦—康奈爾計畫，推動東亞與東南亞的田野研究。一九六三年，他於香港進行研究並於一九六六年出《Chinese Lineage and Society》。一九七〇年，他接任牛津大學社會人類學教授。晚年，斐利民致力於華人人類學的知識史研究，翻譯了Marcel Granet（一八八四—一九四〇）的《The Religion of the Chinese People》（1975），並撰寫詳細導論。他同時對猶太研究有貢獻，創立《猶太社會學期刊》，並擔任主編至去世。他的妻子裘迪在他過世後繼續擔任期刊主編，直至二〇〇九年逝世。參G. William Skinner, 'Obituaries : Maurice Freedman, 1920-1975', American Anthropologist Vol.78, No. 4 (Dec. 1976), pp. 871-885。

他認為在研究華僑問題時，不僅要關注唐人街和華人村落，還要關注華僑的家鄉和華僑居住的當地社會；不僅要關注華人聚居的城鎮，還要關注整個社會。也就是說，要深入瞭解少數族群的特點，就必須要研究其母國和他們與母國之間的關係，同時還要研究他們所居住的國家是如何對待他們。只有這樣，才能真正瞭解少數族群的特點，和他們所處的社會結構。斐利民將研究範圍擴大到社會和文化層面，認為要想真正瞭解華僑，就必須要研究中國五千年的歷史文化，和那些接納華僑的國家的歷史、社會和文化。

歷史學家開始關注華僑問題的時間也不長。對注重史料運用的歷史學家來說，雖然華僑史是個非常有吸引力的研究課題，但相關的史料卻非常分散。關於十九世紀和二十世紀的華僑研究，已積累了大量經濟、社會調查資料和統計數據，出入境管理制度也更加完善。另外，還有許多成功人士和企業的傳記、族譜、會館和祠堂等建築和相關的文字紀錄、墓地和墓碑，甚至是賬簿等史料也得以保存下來。另外，還有關於國籍和公民權的法律，關於各種政治團體和其活動的紀錄，和學校的歷史等資料。但問題是大多數華僑都是普通人，而古代的中國史書和其他國家的歷史文獻，主要是由統治精英撰寫的，他們只記錄自己感興趣的內容。十九世紀末興起的中文報紙和雜誌也是重要的史料來源，但它們並不能反映華僑生活的全貌。古代的華僑主要是商人、工人和短期工，但人們開始意識到應該重視這些普通人的歷史，卻是最近才發生的。

華僑史的舊舞台是所謂「亞洲內貿易」，但這往往只是把它視為中國海外貿易史、海外交流史和東南亞歷史，或西方列強東進歷史的一部分，而研究的主體則是國家，故我們現在對亞洲內貿易的瞭解還很有限。如果想將這些零散的知識拼湊起來，形成一個完整的圖像，歷史學家和社會科學家就必須互相取長補短，繼續交流。

對於前面提出的問題：華僑會改變嗎？華僑的本質是甚麼？不同的學者會有不同的答案。那些認為華僑不會改變的學者，認為隨著中國影響力增強，遍布於全球的華人之間的橫向聯繫也會加強，無論是辛亥革命時期，還是最近出現的「儒家資本主義」、「大中華經濟圈」等概念，都說明了這一點。而那些認為華僑會改變的學者，則對未來充滿希望。他們更加認同新加坡總理李光耀先生的觀點（見本書序章）。李光耀認為華人應適應時代的變化，保持勤勞節約的優良傳統，積極融入到世界發展的潮流中去。

社交網絡高手？

無論學者們認為華僑會還是不會改變，他們都必須要取得華人的信任，這一點至關重要，因為中國人認為「信任」是人際交往的基礎。中國人還經常強調「關係」和「感情」的重要性，即雙方必須要建立起一種互相信任的親密關係，人際關係是一切交往的前提。「信任」當然也是全世界都通用的社交禮儀，並非中國人獨有的性格。但華僑之所以善於建立各種網絡，是因為其組織行為模式，是建立在信任、關係和感情的基礎上的。

馬克斯・韋伯認為中國的城市和商人缺乏理性。這是指儘管中國也出現了城市和商人，但中國的城市卻會更注重其成員的籍貫和宗族（家族）利益、排斥異己，這嚴重阻礙了中國的現代化進程。的確，從海外華人社會來看，其組織多是以祠堂（宗祠）、宗親會（同姓宗族組織）和同鄉會為主，即使是現代的總商會（商會），其內部也是由各同鄉會或同業公會組成的。按韋伯的觀點，這些現象表明中國幾千年的傳統文化根深蒂固，華人並無改變。

但韋伯的分析有兩大錯誤：一是他將城市和農村截然分開；二是他認為明清時期的中國社會，特別是華中和華南地區，是以自給自足的自然經濟為主。但事實恰恰相反，明清時期隨著商品經濟的發展，商業化的浪潮席捲了整個中國，包括偏遠的農村地區，大量商業城鎮應運而生、即中國的農村地區並不是一個封閉的社會。

十九世紀，中國最大的商業中心分別是上海、漢口、廣州，和蘇州。儘管從行政級別上看，上海只是一個縣、漢口只是一個鎮，但無論是人口規模還是經濟總量，都遠超所在省份的省會。在上海和漢口，百分之九十的居民來自外省，正如韋伯所說，他們會按照籍貫分成不同的群體，但他們也有上海人和漢口人的身分認同，會成立類似市政府的自治機構，負責公共服務；有事之時還會組建民兵。

儘管華僑的各種組織多以宗族和鄉黨關係為紐帶，但在十九世紀社會結構已非常複雜的中國，那些離鄉的人並不局限於血緣或鄉黨關係。在一個高度商業化的社會，為了生存，他們必須要建立更加多元的「關係」。親戚或同鄉的身分就像一張身分證明，有了這張身分證明，就能在外地立足。但如果做了壞事，就會讓家族或同鄉蒙羞，從而失去一切。當然，除了親戚或同鄉，他們還會與同行、其他地方的人，甚至外國人建立起「關係」和「感情」，以便能夠籌集到資金，合夥做生意。

古田和子在其著作中（《講座現代亞洲》第四卷）指出，在研究上海商幫的商業網絡時，應將其分為物質網絡和人際網絡（相當於基礎設施網絡和資訊網絡），而華僑在這兩方面都表現出色。吳主惠先生在其《華僑本質論》提到，在泰國銷售大米的方式主要有三種：一是直接在市場上銷售；二是訂單式銷售；三是通過中介商銷售。而由中介商介入的銷售方式，則被華僑所壟斷。其銷售管道是：泰國農民→地方雜貨商→地方稻穀中介商→稻穀中介商→曼谷大型批發商→碾米廠→大米出口商。一旦稻穀從泰國農民手中流出，整個銷售流程就完全由華人控制。當然，雖然整個銷售管道是由潮州幫控制，但他們並未排斥其他地方的人。在漢口，來自外地的強大的商幫也沒有完全取代本地商人和船運公司。但在泰國，由於泰國人很少從事商業，而其他外商則很難建立一個完整的「商業網絡」，將零售到出口（反之亦然）的各個環節連接起來。[52]

52 譯注：平野健一郎編：《講座現代アジア 第4巻 地域システムと国際関係》（東京：東京大學出版會，一九九四）。

吳主惠還總結了東南亞的華僑銀行在戰前的幾個特點：①存款和貸款的利率都比外國銀行高。②主要服務對象是中小商人。③主要業務是為華僑匯款。④資本金較少。⑤更重視人際關係，而非金融信用。這分析非常深刻。早在十九世紀人口規模就已達百萬的大型商業都市漢口，就已出現類似於西方城市自治的組織，而非韋伯所描述的那種封閉的、只講人情關係的社會。但那是十九世紀，清朝的國力衰落，地方勢力崛起的時期。而華僑依靠鄉黨和人際關係所形成的網絡，之所以能夠發揮巨大作用，是因為當地的流通體系還很不完善。一百年後的今天，雖然依靠人情關係的中小型企業依然大量存在，但那些大型的與外資企業競爭的華僑企業和銀行，則早已擺脫了過去那種傳統的網絡經營模式。[53]

順帶一提，人類學家和區域研究的學者認為「網絡」是指局限於某個小範圍的組織，而那種涉及到大範圍市場交易的網絡，則被稱為「節點系統」。前者以姻親關係為代表，但在中國，婚姻所形成的網絡，其覆蓋範圍往往只局限於某個城鎮，那些看似只講人情，只注重小圈子利益的華僑，其活動範圍往往也只局限於某個較小的區域。而那些真正具有戰略眼光的華商，他們更重視「節點系統」（也就是廣義上的網絡），並不只依靠血緣和鄉黨關係來發展自己的事業。

在世界史的潮流中

在思考「華僑會改變嗎？華僑的本質是甚麼？」這兩個問題的同時，我們不妨思考一下那些雖然只占亞洲西太平洋地區人口一小部分，但卻是推動該地區經濟發展主力的華僑（不包括新加坡，因為那是以華人為主的國家），他們為何取得如此巨大的成功？從世界史的角度來看，這是甚麼原因？

53　譯注：吳主惠：《華僑本質論》（東京：千倉書房，一九四四）。

按我們熟知的理論來說，起源於十八世紀末期的世界資本主義體系（工業資本主義體系）像滾雪球一樣不斷向全世界擴張，並最終到達了東亞地區。西方列強以他們的亞洲殖民地為基地，在十九世紀開始將西太平洋地區的初級產品運往西方國家，並將亞洲納入到全球的分工體系中。西方列強憑藉著強大的資金實力，和他們所控制的廣闊土地，從亞洲獲得了大量廉價的勞動力，他們從中國和印度招募了大量勞工，和利用當地人作為勞動力。其中，一些華工把握機會白手起家，在一兩代人的時間裡就成為商人，他們填補了當地人和西方人力所不及的流通領域的空白。

的確，世界資本主義向東方擴張，西方列強在亞洲建立殖民地，推動了全球和區域內部的分工和大量苦力的湧入（一八三〇年到一九二〇年），這些都是事實。但其實百分之八十的苦力都在賺到錢後就回國，印度移民也是如此，他們只是短期工。在將苦力的貢獻與華僑在東南亞經濟領域的巨大成就聯繫起來之前，我們應更全面地分析東南亞當地的社會狀況。

澳洲國立大學的安東尼・雷德教授在其著作《東南亞的貿易時代：西元一四五○年—一六八○年》（上下冊）[54]中，描述了苦力貿易出現前的西太平洋地區的貿易情況。當時的東南亞海上貿易十分繁榮，作者將十五世紀初期鄭和下西洋（一四○五年到一四三三年）後，中國開始逐漸放鬆海禁，東南亞各海上王國也迎來了貿易繁榮時期，作為全書的開篇。作者首先介紹了當時東南亞地區的主要港口城市，如緬甸的勃固（Bago）、泰國的阿瑜陀耶、越南的河內和會安、占婆（占城）和柬埔寨的首都、馬來半島的北大年、馬六甲和柔佛、蘇門答臘島的亞齊、爪哇島的萬丹（Banten）、德馬克（Demak）、馬打蘭（Mataram）、加里曼丹島的汶萊，和班賈爾馬辛等，這些城市都是當時東南亞的政治和商業中心。約在一六○○年前後，西方列強也在亞洲建立了一些據點、如一五一○年的果阿、一五一一年的馬六甲、

54 譯按：Southeast Asia in the Age of Commerce, 1450–1680. Vol.I: The Lands below the Winds. New Haven, Yale University Press, 1988. Southeast Asia in the Age of Commerce, 1450–1680. Vol.II: Expansion and Crisis. New Haven, Yale University Press (1993).

一五七年的澳門、一六一九年的巴達維亞、一六二四年的臺南，而日本則在一五五〇年開放了平戶，一六三五年開放了長崎。與此同時，倭寇也被鎮壓下去，日本的南蠻貿易也進入了繁盛時期。香料、胡椒、鹿皮、金、銀、銅、錫、鹽，和以絲綢、陶瓷和鐵器為代表的中國商品開始在亞洲流通，亞洲各國間形成分工體系，東南亞地區的人口也開始緩慢增長。

這些海上王國是在自願的情況下加入到世界經濟體系中的，但有些國家還來不及像日本那樣通過推行重商主義政策發展工商業和軍事和科技，以走上近代化的道路，就遭受到滅頂之災。隨著一六三〇年代南美波托西銀礦的產量驟減，日本這個亞洲主要的白銀出口國在一六三五年停止南蠻貿易並開始實行鎖國政策，清廷則鎮壓了鄭氏，一六二八年東南亞的兩個海上王國萬丹和馬打蘭被荷蘭殖民者征服，東南亞地區的貿易也開始衰落，許多國家和地區開始陷入長期的貧困。

後來荷蘭和英國開始將東南亞納入到其殖民統治，但在貿易和城市發展所必需的各種技術工種（如熟練工人、木匠、門窗製作、油漆匠、麵包師和園藝師等），還有帆船運輸業、種植園主和種植園工人，乃至礦工等領域，他們都不得不與華僑合作，而這也是甲必丹制度得以實施的原因。無論是稅收還是工程項目，都由華人承包。西方列強的到來，打破了東南亞土著與包括華人在內的亞洲移民之間的傳統關係，並最終導致西方人和華僑的經濟活動與當地經濟脫勾。

故在一六〇〇年、準確地說應是一五七〇年代，隨著長崎和馬尼拉開港通商，日本白銀和墨西哥白銀開始大量流入中國，用於購買中國商品，波托西銀礦的產量也達到了頂峰，這是亞洲乃至整個世界貿易發展史上的一個重要時期。當時的世界貿易格局是東強西弱，經濟學家將其稱為「早期世界經濟」、「世界和早期近代」（哈佛大學故約翰・弗萊徹教授[55]的觀點），和世界資本主義體系的開端。在一六八三

55　譯按：Joseph Fletcher，1920–1984。

年，清廷短暫解除海禁（遷界令），並在一七一七年重新開放了廈門和廣州作為通商口岸。後來在一七五七年，只保留了廣州一口通商。在此期間，許多來自中國的貿易商、其他商人、手藝者、農民和礦工來到東南亞發展，其中有人以通婚獲得當地居留權，並成為中產階級。當世界經濟從重商主義過渡到殖民主義時，面對著是與殖民政府合作，還是一個短期工的選擇，許多華僑選擇了成為麥士蒂索人、土生華人和峇峇娘惹。想要全面瞭解東南亞華僑，就必須要重視這個中間階層的作用。簡言之，雖然華僑的「網絡」看似沒有發生變化，但它實際上是在不斷適應客觀環境的變化，並在此基礎上發展起來的。

身分認同的去向

那中國人和華僑是如何看待自身和他者（歐洲人、日本人等等）在世界中的地位？所謂的身分認同，是指人們對自己的定義、如華人會更重視家庭和家庭成員之間的關係，和一些傳統的道德規範，他們還會閱讀中國的古典文學、學習書畫和漢語，也關心家鄉和祖國的發展。在海外的唐人街，每逢十月十日的雙十節（辛亥革命紀念日）或十月一日的國慶節（中華人民共和國成立紀念日）以及春節，都會舉行遊行、燃放鞭炮、掛燈籠、舞獅、舞龍等慶祝活動。這些活動都反映了其身分認同。在大多數國家，華僑都屬於少數民族，尤其是在那些多民族國家，身分認同問題對他們來說就更加重要。而且民族主義的興起，也進一步加劇了這個問題。

在十九世紀末以前，「身分認同」問題對華人和華僑來說是一個非常陌生的話題。因為無論是「中國」，還是「中華」或「華夏」，這些詞都表明他們認為自己是世界上最文明的民族（當然，他們也會強調「一視同仁」），是文明世界的中心，故他們習慣用等級觀念來劃分世界、即文明和野蠻的區別，但他們並不會將自己與其他民族的人比較。故當「國民國家」、「國際關係」、「民族主義」和「民主主義」

這些新詞彙傳入中國後，許多人都很難理解它們的含義。

但隨著一系列國際條約的簽署，如《恰克圖界約》（一七二七年）、《伊犁條約》（一八八一年）、《南京條約》（一八四二年），和清末「驅除韃虜、恢復中華」的運動和辛亥革命的爆發，「身分認同」問題也開始變得越加重要。尤其是對於那些生活在海外，要面對當地民族主義挑戰的華僑來說，這個問題就更加迫切。在一九五〇至六〇年代，人們開始討論公民或國民，以及作為多民族國家中的一個民族的身分認同，和與語言和學校教育相關的文化認同。到了七〇年代，人們開始關注種族和階級認同問題。可以說，身分認同問題是與華僑的本質，和華僑的過去和未來密切相關的重大議題。一九八五年，四十名來自歷史學、經濟學和人類學領域的專家學者齊聚澳洲國立大學，參加了一個名為「二戰後東南亞華人身分認同的變遷」（Changing Identities of the Southeast Asian Chinese since World War II）的研討會。一九八八年，香港大學出版社出版了該研討會的論文集（譯按：書名同會議名），由約翰．庫什曼（Jennifer W. Cushman）先生和王賡武先生主編。在論文集的開篇，王賡武和赫查理（Charles Hirschman）先生有著精彩的對話，深刻闡述了華僑身分認同問題的重要性和複雜性。以下我將概括介紹其觀點，作為本書的結尾。

華僑身分認同的模式

王賡武認為東南亞華人的身分認同是多元而非單一的，因為理論上有著各種判斷身分的標準。

二戰前主要是「歷史和文化認同」，即是說人們會按自己的家庭背景、鄉黨關係和他們與其他華人的「關係」，來判斷自己的身分。如果一個人認為自己是中國人，那他就是中國人，他們都會為中國悠久的歷史而感到自豪。這是一種懷舊的情懷，並不會引起當地人的反感。只要華僑在經濟領域發揮作用，當地政府就不會干涉其文化生活。但辛亥革命後，中國的革命黨人開始宣傳民族主義（＝種族主義），他們主張所有華人都應加入到這場運動來。到了三〇至四〇年代，隨著民族主義教育在中小學的普及，這種民族主義的身分認同也變得越加強烈，後來更因日本侵略而使「民族主義認同」愈發昂揚。

二戰後印尼、緬甸和越南等國家都承認，這種民族主義的身分認同只是一個過渡階段，而所有的華僑最終都會融入到當地社會，成為所在國的國民。但對於那些加入到馬共領導的反殖民運動中的年輕華人來說，其身分認同問題則變得十分微妙。當然，也有許多華人選擇融入到當地社會，加入到當地人的反殖民運動中，也有人選擇徹底歸化，還有人則繼續保持「歷史和文化認同」。總而言之，華僑的身分認同是隨著環境而變化的。在華人人口較多的馬來亞（包括新加坡），出於政治的原因，他們選擇融入到當地社會，成為馬來人共同體的一部分。而在那些華人人口很少的東南亞國家，華人則更重視鄉黨或方言群體的認同。

進入六〇年代，隨著民族國家建設的推進，人們不得不思考「異化還是同化」的問題，亦即圍繞著公民權問題的「政治認同」問題也開始突顯出來。為克服這個難題，人們提出了「文化認同」：即使在民族國家的框架下，也應允許文化的多元性。那些信奉了基督教或掌握了外語的華人，還有那些學習了中文的華人，和那些接受了當地文化的華人，他們都在努力創造一種全新的現代華人身分認同；在保留華人文化的同時，也積極融入到當地社會。但從美國的例子來看，儘管他們高舉民主主義的旗幟，想將不同的民族團結起來，但仍然無法避免白人與黑人和拉丁裔之間的種族衝突。所以說要實現全新的文化認同，並非易事。

毫無疑問，種族問題是導致國家分裂的重要原因。即使通過建立全新的「文化認同」，也無法解決種族矛盾。故有人提出了「種族認同」的概念。所謂「種族認同」，是指將「文化認同」納入到「種族」的概念中，通過使用「種族」的概念，可以淡化「人種」的概念。而「種族認同」這概念可以用於那些已經融入到主流社會的少數民族，而且據說那些接納了許多少數民族的國家，為維護社會穩定，往往都會保障少數民族的權益。在那些華人人口比例較少的東南亞國家，「種族認同」在華人中比較流行。因為這可以保障他們享有與其他少數民族相同的權利，而且也可避免當地人將他們視為一個只忠誠於中國的排他性群體。此外，還有人提出用「階級」這個經濟概念來理解身分認同。

最後，王賡武先生用圖十五的A模型來總結其觀點。他認為在判斷身分認同時，可以使用四個標準、即經濟、文化、政治，和生理特徵，它們分別對應著階級、文化、國民和種族四種身分認同。而位於四個身分認同的中心點的A點，則代表著最終的多元化的身分認同。此外，還有一種由兩種身分認同組成的複合身分認同、即B和C（種族）、C和D（國民）、D和E（階級），和E和B（文化）等四種組合方式。

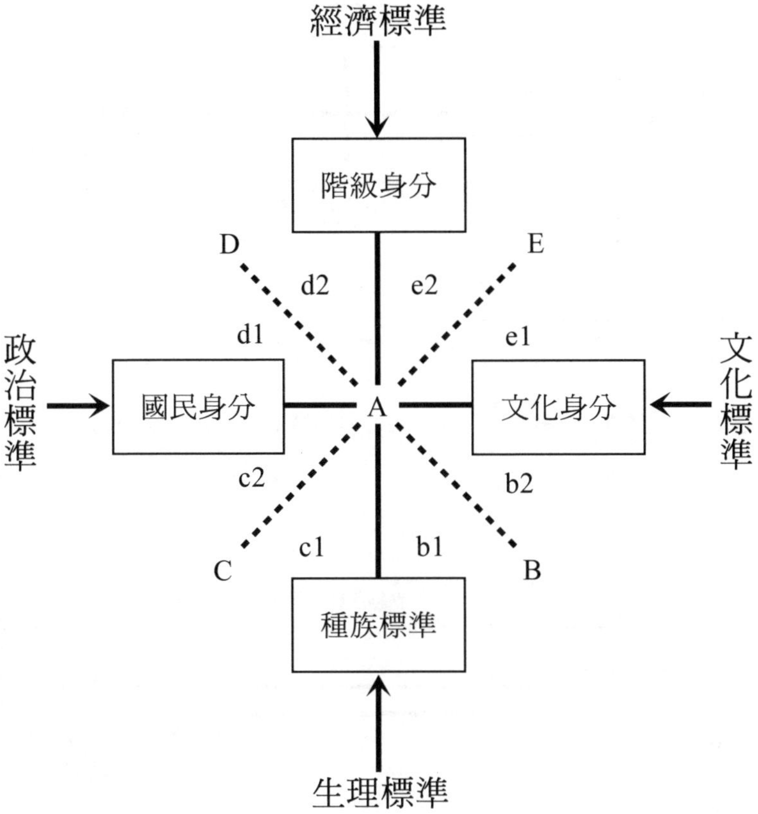

圖十五　王賡武的「華僑身分 A 模型」。[56]

56 此章圖十五至十七均引自 Cushman, Jennifer W., and Wang Gungwu, editors. *Changing Identities of the Southeast Asian Chinese Since World War II*. Hong Kong University Press, 1988

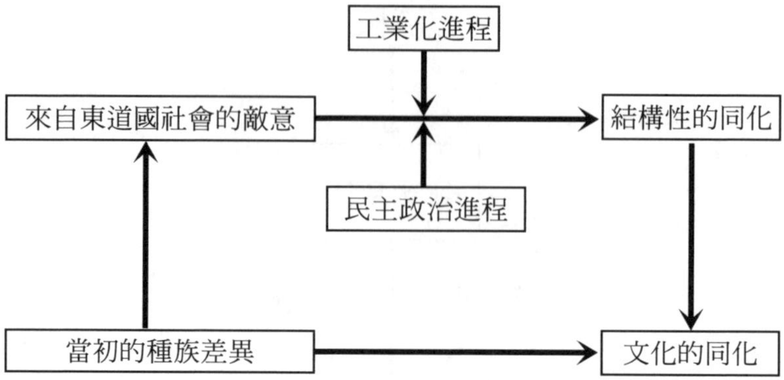

圖十六　赫查理的關於移民、少數種族的標準西方模型（B 模型）。

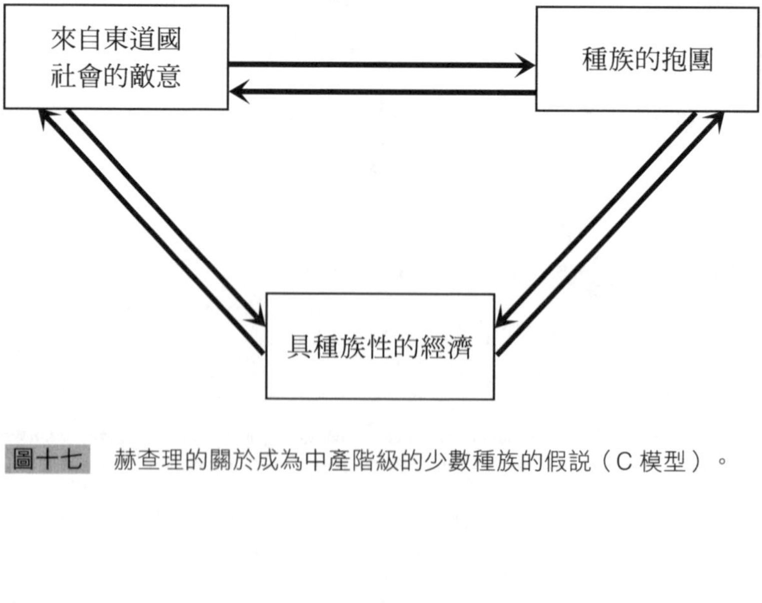

圖十七　赫查理的關於成為中產階級的少數種族的假說（C 模型）。

而赫查理則認為王賡武的模型過於主觀，而且比較靜態。他首先以歐美為例，提出了移民或少數族群融入到當地社會的一個模型（圖十六的B模型，主要指美國的例子）。在這模型中，人們首先會意識到不同種族之間的差異。在某些情況下，他們會直接進行文化融合，但也可能會出現另一種情況——少數族群遭到當地人的排斥。在工業化和民主化進程的推動下，他們會被迫進行結構性融合，並最終完成文化融合。但赫查理認為這模型並不適用於東南亞，他提出了「中間階層的少數民族的假設」（圖十七的C模型）。該模型原是用來描述歐美猶太人的生存模式的、即他們主要集中在零售業領域。但赫查理認為該模型也可用於分析美國西部的華人和日本移民、東非的印度人移民和東南亞的華人移民。這個假設是建立在某種族的經濟地位、該種族的凝聚力，和當地人的敵視情緒這三個因素的互相作用之上。如果某種族的人都集中在零售業領域，那麼他們就會優先雇傭自己的家人或親戚。所以在這些少數族群的社區內，人們的凝聚力會更強，更注重人際關係和傳統文化的力量，而這也會進一步促進他們在經濟上的發展。由於他們更加團結，並能忍受艱苦的勞動環境和低工資，故他們在商業競爭中會更有優勢。但如果零售業被某種族壟斷，那就會引起當地人的敵視。一旦遭到主流社會的排斥，少數族群就很難找到其他工作，只能更加內部互相幫助，而這又會加劇當地人的懷疑和敵意，最終形成一個惡性循環。所以說在這種情況下，少數族群很難融入到當地社會，他們最終會走向孤立和對抗。

從以上分析可見，王賡武認為華僑的身分認同是多元且複雜的，它會隨著環境的變化而變化。也就是說，現在這種身分認同只是一個過渡階段，未來會朝著甚麼方向發展，取決於當地政府的政策和華僑的應對方式。即使會經歷一些曲折，但最終會朝著更好的方向發展。

而在赫查理提出的兩個模型中，我更關注的是B模型、即西方的融合模式。他提出的工業化和現代化所帶來的結構性融合，這概念或許也可用來解釋東南亞華僑的未來發展方向。而C模型則可用來解釋華僑為何能在中小企業領域占主導地位，因為在中小企業領域，人際關係發揮著更加重要的作用。但赫查理這模型卻忽視了「華裔」在世代之間出現的變化。他認為無論是猶太人還是華人，都會固守著其傳統行業，並最終陷入死胡同。如果我們用赫查理提出的B模型來思考問題，就會發現在工業化和民主政治發展的過程中，無論猶太人還是華人，都逐漸融入到當地社會。所以說我們沒有必要擔心那種依靠團結和建立小圈子的方式，會導致少數族群走向自我封閉。事實上，那些被我們視為本質或特性的東西，都在隨著時間的推移而發生著變化。

附錄

附録（一）

參考文獻

呉主恵『華僑本質論』千倉書房、一九四四年
内田直作『日本華僑社会の研究』同文館、一九四九年
『世界の歴史13 南アジア世界の展開』筑摩書房、一九六一年（和田久徳論文収）
斯波義信『宋代商業史研究』風間書房、一九六八年
須山卓『華僑経済史』近藤出版社、一九七二年
藤田豊八著・池内宏編『東西交渉史の研究 南海篇』国書刊行会、一九七四年
須山卓・日比野丈夫・蔵居良造『華僑改訂版』NHK出版、一九七四年
マキシン＝ホン＝キングストン著 藤本和子『チャイナタウンの女武者』晶文社、一九七八年
鴻山俊雄『神戸大阪の華僑在日華僑百年史』華僑問題研究所、一九七九年
宮田安『唐通事家系論攷』長崎文献社、一九七九年
可児弘明『近代中国の苦力と「豬花」』岩波書店、一九七九年

戴国煇『華僑――「落葉帰根」から「落地生根」への苦悶と矛盾』研文出版、一九八〇年
大庭脩『江戸時代の日中秘話』東方書店、一九八〇年
鶴見良行『アジアはなぜ貧しいのか』朝日新聞社、一九八二年
酒井忠夫編『東南アジアの華人文化と文化摩擦』巌南堂、一九八三年
マキシン＝ホン＝キングストン著、藤本和子訳『アメリカの中国人』晶文社、一九八三年
山田信夫編『日本華僑と文化摩擦』巌南堂、一九八三年
市川信愛『華僑社会経済論序説』九州大学出版会、一九八七年
中村質『近世長崎貿易史の研究』吉川弘文館、一九八八年
浜下武志編『世界史への問い3 移動と交流』岩波書店、一九九〇年
游仲勲『華僑――ネットワークする経済民族』講談社、一九九〇年
戴国煇編『もっと知りたい華僑』弘文堂、一九九一年
游仲勲編『世界のチャイニーズ膨張する華僑華人の経済力』サイマル出版会、一九九一年＝フリードマン著、末成道男・西沢治彦・小熊誠訳『東南中国の宗族組織』弘文堂、一九九一年石井米雄・辛島昇 和田久徳編著『東南アジア世界の歴史的位相』東京大学出版会、一九九二年荒野泰典・石井正敏・村井章介編『アジアのなかの日本史III 海上の道』東京大学出版会、一九九二年游仲勲『華僑は中国をどう変えるか未来の「資本主義」大国の行方を探る』PHP研究所、一九九三年
溝口雄三浜下武志ほか編『アジアから考える3周縁からの歴史』東京大学出版会、一九九四年溝口雄三・浜下武志ほか編『アジアから考える6長期社会変動』東京大出版会、一九九四年
川勝平太編『新しいアジアのドラマ』筑摩書房、一九九四年

池端雪浦編『変わる東南アジア史像』山川出版社、一九九四年
平野健一郎編『講座現代アジア４地域システムと国際関係』東京大学出版会、一九九四年（古田和子 論文収）
梁嘉彬『琉球及東南諸海島輿中国』台中 私立東海大学、一九六五年
陳列甫『東南亜洲的華僑華人輿華僑』台北 正中書局、一九七九年
陳翰笙主編『華工出国史料（第一輯～第十輯）』中華書局、一九八〇～八四年
中国海洋発展史論文集編輯委員会主編 『中国海洋発展史論文集（第一輯～第五輯）』台北 中央研究院三民主義研究所、一九八四～一九九三年
安海港史研究編輯組編 『安海港史研究』福建教育出版社、一九八九年
S. M. Middlebrook, “Yap Ah Loy (1837-1885)", Journal of the Malayan Branch of the Royal Asiatic Society, Vol. 24:2,1951.
G. William Skinner, Chinese Society in Thailand: An Analytical History, 1957, Cornell University
Press（邦訳）山本一（抄訳）『東南アジアの華僑社会、タイにおける進出 適応の歴史』東洋書店、一九八一年
G. William Skinner, “Java's Chinese Minority Continuity and Change", The Journal of Asian
Studies, Vol. 20:3,1961.
G. William Skinner, “The Chinese Minority", in R. T. McVey, ed., Indonesia, 1963, HRAF Press. E. Wickberg, “The Chinese Mestizo in Philippine History", Journal of Southeast Asian History, Vol. 5, 1964.
C. P. FitzGerald, The Southern Expansion of the Chinese People: "Southern Fields and Southern

Ocean", 1972, Australian National University Press.
James Lee, "Migration and Expansion in Chinese History", in W. McNeil & R. S. Adams, eds., Human Migration: Patterns and Policies, 1978, Indiana University Press.
Johanna Menzel Meskill, A Chinese Pioneer Family: The Lins of Wu-feng, Taiwan, 1729-1895, 1979, Princeton University Press.
Leonard Blussé, "Batavia, 1619-1740: The Rise and Fall of a Chinese Colonial Town", Journal of Southeast Asian Studies, 12:1, 1981.
Jack Chen, The Chinese of America: From the Beginning to the Present, 1982, Harper & Row. William T. Rowe, Hankow: Commerce and Society in a Chinese City, 1796-1889, 1984, Stanford Uni- versity Press.
Yen Ching-hwang, A Social History of the Chinese in Singapore and Malaya, 1800-1911, 1986, Oxford University Press.
Anthony Reid, Southeast Asia in the Age of Commerce: 1450-1680, Vol. 1. The Lands Below the Winds, 1988, Vol. 2, Expansion and Crisis, 1993, Yale University Press.
Jennifer W. Cushman & Wang Gungwu, eds., Changing Identities of the Southeast Asian Chinese Since World War II, 1988, Hong Kong University Press.
Wolfgang Franke, Sino-Malaysiana, Seleted Papers on Ming & Qing History and on the Overseas Chi- nese in Southeast Asia, 1942-1988, 1989, South Seas Society, Singapore.
P. J. Rimmer & Lisa M. Allen, eds., The Underside of Malaysian History, 1990, Singapore Univer- sity Press.
Wang Gungwu, China and the Chinese Overseas, 1991, Times Academic Press.

Wang Gungwu, Community and Nation: China, Southeast Asia and Australia, 1992, Allen & Unwin.

J. R. Shepherd, Statecraft and Political Economy on the Taiwan Frontier, 1600-1800, 1993, UC Berke- ley Press.

G. William Skinner, "Creolized Chinese Societies in Southeast Asia", in A. Reid, ed., Strangers, Sojourners and Settlers: Southeast Asia and the Chinese: A Volume in Honour of Jennifer Cush-man.(近刊予定)

附錄(二)

每章說明

序章

本書致力於探討華僑歷史的發展軌跡，並分析其在不同歷史時期和社會環境下的生存策略和身分認同。其核心問題是華僑如何在不同的文化和社會環境中保持自身的文化傳統，同時又融入當地社會。斯波義信認為華僑歷史並非單線發展，而是在不同的歷史階段和地域環境下呈現出多元的面貌。

為了更清晰地呈現華僑歷史的複雜性，斯波義信提出以「接觸→磨擦→競爭

→同化→融合」五個階段來分析華僑的移民過程。「接觸期」是指華僑初次踏上異國土地，開始與當地社會接觸，「磨擦期」是華僑與當地社會在文化、經濟和政治等方面開始產生衝突的階段。到了「競爭期」，華僑在當地社會逐步站穩腳跟，並與其他族群展開經濟和社會競爭。來到「同化期」，華僑逐步融入當地社會，並放棄部分自身文化傳統。最後，「融合期」則是指華僑與當地社會最終實現文化和社會融合的目標。斯波義信認為，並非所有華僑社群都會經歷這五個階段，有些社群可能停留在某一階段，有些社群則可能跳過某些階段。華僑的發展模式取決於其所處的歷史環境、社會結構和文化差異等因素。斯波義信所理解的華人移民社會基礎，乃在於以同族、同鄉或同語言為本位建構的「藤蔓式」網絡，生成祠堂、族譜、公所、會館、總商會、《鄉報》等產物，使明清的社會基層的原則和組織在域外複製。但斯波義信更重要的觀點，在於「藤蔓式的社會網絡」在何種處境下會在新社會下快速溶解、何者則會延漫世代。與安野真幸針對北九州唐人網絡的「雜居論」說相近，在有機會出人頭地、進入上層社會，而且旅行、信仰、嫁娶自由的混雜狀態，「藤蔓式的社會網絡」將會在幾代之間消失；而在族群隔離、分而治之的政治干預下，失卻上述的各種自由後，往往只能處於半同化狀態。[56]

為了更深入地分析華僑的生存策略和身分認同，斯波義信參考了王賡武教授提出的四種華僑類型：「寄居者」指那些短期旅居海外，並打算最終回到「中國」的華人。「僑民」指那些長期居住在海外，然而仍保留「中國」（可以是大清國、中華民國、中華人民共和國）國籍，並與「中國」保持密切聯繫的華人。「移民」指那些已加入當地國籍，並融入當地社會的華人。「華裔」指那些在海外出生和成長，並受當地文化影響的華人後代。斯波義信認為這四種類型並非固定不變，而是會隨著時間和環境而發生轉變。

56 參安野眞幸：《世界史の中の長崎開港 交易と世界宗教から日本史を見直す》（東京：言視舎，2011）。

第一章——

華僑的起源：十二至十六世紀的亞洲海上貿易

華人的海上活動始於唐朝中期，並在宋元明時期得到了蓬勃發展。福建地理位置優越，並且擁有先進的造船和航海技術，成為了當時海上貿易的中心。十二世紀的海商王元懋的故事，和十三世紀的數學題目，都展現了當時華人海上貿易的繁榮景象。福建地區由於人口稠密，土地資源有限，人們為了改善生活，不得不出外謀生，而海外貿易為他們提供了機會。

當時，華僑的移民模式主要以短期貿易為主，他們會在海外停留數年甚至十年，然後衣錦還鄉。在這過程中，有些華僑會在當地娶妻生子，他們的後代便成為了最早的華僑。十三世紀的《諸蕃志》等相似主題的出洋指南為華人提供了豐富的海外資訊，包括航程、當地風土人情、貿易商品等，促進了定期航線網絡的形成和華僑的定居。汶萊發現的十三世紀的華人墓碑銘文，也證明了華僑在東南亞的早期定居。

如同陸上交通需要道路，海上貿易也仰賴完善的航線規劃。早在十三世紀，華人便已編纂出類似今日旅遊指南的《諸蕃志》，詳細記載從泉州港出發前往琉球、占婆、柬埔寨、爪哇、汶萊等地的航程時間、方向以及沿途可停泊的港口。這些資訊不僅幫助船隻規劃航線，更重要的是提供了關於目的地的風土人情、貿易商品等重要資訊，降低了航海風險，促進了定期航線網絡的形成。此外，指南針、海圖、測深儀等航海技術的進步，以及能夠容納大量船員和貨物的「南洋」型深海船的出現，都為華人海上貿易的發展奠定了堅實的技術基礎。

東南亞各地風土人情差異很大，直接影響了華人選擇定居的地點和方式。以泰國為例，當地社會階級分明，重視農業，對商業活動較不熱衷。這為華人提供了發展空間，他們填補了泰國社會在商業和手工業方面的空缺，並逐步融入當地社會。

然而，在其他地區，華人則面臨了不同的挑戰。在菲律賓，西班牙殖民者實施嚴格的種族隔離政策，將華人限制在特定的區域，並透過稅收和法律手段，迫使華人與當地人通婚，形成了特殊的麥士蒂索人社會。而在印尼，荷蘭殖民者則利用華人作為中介，剝削當地農民，導致華人與當地人之間的矛盾加劇。這些差異化的社會環境，塑造了華僑在東南亞各地不同的生存模式和文化融合方式。

貿易商品是海上貿易的核心。華人將絲綢、瓷器、茶葉等大陸特產運往東南亞，並從當地購買胡椒、香料、金銀等商品，透過交換和貿易，滿足了雙方的需求，促進了經濟的繁榮。

值得注意的是，不同時期的貿易商品體現了時代的變遷。例如，大明國對白銀的需求量很大，這促使了日本白銀的大量流入（流出？），也間接推動了中日之間的貿易往來。而到了十七世紀，隨著歐洲殖民者的到來，砂糖、鴉片等商品也加入到貿易網絡中，改變了亞洲的經濟格局，也影響了華人在東南亞的經濟活動。

早期華人移民以短期貿易為主，他們會在東南亞停留數年甚至十年，然後衣錦還鄉。然而，隨著海上貿易的發展，華人在東南亞的活動逐步從短期貿易轉向長期定居。

頻繁的貿易往來促進了華人與當地人的交流，部分華人選擇在當地娶妻生子，他們的後代成為最早的華僑。例如，汶萊發現的十三世紀華人墓碑銘文，就證明了華人早期在東南亞的定居。

其次，華人憑藉其勤勞、節儉、團結等特質，在商業和手工業方面取得了成功，並逐步累積了財富和社會地位。這也吸引了更多華人移民，形成了以血緣、鄉黨和同業關係為紐帶的華人社區。這些社區為新移民提供了庇護和幫助，也成為了華人文化在東南亞傳承的重要基地。

福建和廣東地區人口稠密，土地資源有限，人們為了改善生活，不得不出外謀生。他們憑藉血緣和鄉黨的網絡，在海外互相幫助，逐步形成了早期的華僑社會。

福建和廣東華僑移民有著許多共通點，這些共通點可以從地理環境、經濟條件、移民傳統和文化習俗、移民模式和社會融合，以及對東南亞經濟的貢獻等方面來探討。

首先，地理環境和經濟條件是促使福建和廣東人民移民海外的重要因素。這兩個地域都位於華南沿岸，擁有漫長的海岸線和眾多港口，自古以來就是中華對外貿易的重要窗口。然而，福建和廣東同時也面臨著人口稠密、土地資源有限的困境，尤其在近世，隨著人口的快速增長，人地矛盾日益突出。為了擺脫困境，人們不得不「出外謀生」，而地理位置相近、文化相通的東南亞地區，自然成為了他們首選的移民目的地。

其次，移民傳統和文化習俗也深深地影響著福建和廣東的移民行為。兩地都有著悠久的移民傳統，早在十一世紀以前，就有許多閩人和粵人前往東南亞經商和定居。此外，福建和廣東的宗族觀念也比華南以外更加濃厚，他們通過編纂族譜、修建祠堂、擁有族產等方式，強化宗族紐帶，並將其作為海外移民的重要支持力量。

例如，霧峰林家的始祖林石，就是從福建漳州移民到臺灣，並依靠宗族的力量，逐步發展成為當地的大地主。

移民模式和社會融合也是福建和廣東華僑移民的共同特點。早期的移民主要以「華商型」為主，他們通過海上貿易積累了財富，並在東南亞各地建立了商業網絡。例如，十三世紀的「海商」王元懋，就是從福建泉州移民到占婆，並在那裡發家致富。後來，隨著「華工型」移民的湧入，華僑在東南亞的社會階層也變得更加多元化，他們不僅從事貿易，也參與到當地的種植園經濟、礦業開發等重要產業中。在社會融合方面，福建和廣東移民都表現出較強的適應能力，他們會根據當地的社會環境和文化習俗，調整自己的生活方式和行為模式。例如在今天的泰國，華僑融入當地社會的速度較快，甚至出現了像鄭信這樣具有華人血統的國王。而在印尼和馬來西亞，則形成了「土生華人」和「峇峇娘惹」等混合文化群體。

最後，閩粵移民對東南亞經濟的貢獻也不容忽視。他們不僅帶來了中原的商品和技術，也將東南亞的商品和文化傳播到世界各地，為促進東西方經濟和文化交流做出了重要貢獻。

福建和廣東華僑移民的共通點，是他們在相似的地理環境、經濟條件和文化背景下，選擇了「出外謀生」的道路，並在東南亞各地落地生根，形成了獨特的文化和社會。他們的歷史是華人移民史的重要組成部分，也是東南亞歷史不可分割的一部分。

第二章——磨擦與融合：十七至十九世紀華僑的挑戰與機遇

十七至十九世紀，華僑在菲律賓、印尼、臺灣、泰國和日本等地區都面臨著不同的挑戰和困境，也發展出各具特色的適應模式。

在菲律賓馬尼拉，華僑面臨的最大挑戰是西班牙殖民當局的猜忌和排斥，以及由此引發的多次屠殺事件。隨著華僑人數增加和勢力擴大，西班牙人擔心華僑會威脅他們的統治，於是採取了種種限制措施，甚至多次發動屠殺，企圖消滅華僑的影響力。面對這種困境，華僑一方面努力與西班牙人合作，爭取生存空間，另一方面則積極融入當地社會，與當地人通婚，形成了獨特的麥士蒂索人社會。而在印尼則發生了巴達維亞華僑大屠殺事件，一七四〇年，荷蘭殖民者在巴達維亞（今雅加達）對華人發動了大屠殺，原因包括非法移民激增、社會秩序動盪，以及荷蘭人對華僑經濟實力的忌憚。這次屠殺導致約一萬名華人遇難，對當地華僑社會造成了毀滅性打擊。

臺灣華僑面臨的挑戰主要來自清政府的殖民政策，以及與其他族群（包括原住民和不同籍貫的華人）的衝突。清廷為控制臺灣，實施了嚴格的移民和土地政策，限制華僑的發展。十八世紀，臺灣發生了朱一貴事件和林爽文事件，這些起義雖然並非直接針對華僑，然而在動盪的局勢中許多華僑也受到財產損失與生命危險。此外，由於臺灣的移民來自不同地區，不同族群之間的矛盾也十分尖銳，經常發生械鬥，甚至演變成大規模的起義。為了適應這種環境，臺灣華僑一方面團結互助，共同抵抗外部壓力，另一方面則積極參與地方事務，爭取自身權益。

相較馬尼拉和臺灣華僑的困窘，泰國華僑的處境相對較好，他們在泰國社會中享有較高的地位和較大的自由。原因在於泰國社會的等級制度和文化環境，為華僑提供了發展空間。泰國社會重視保護者與被保護者的關係，而華僑的商業才能和經濟實力，正好滿足了泰國統治階層的需求。因此，泰國華僑能夠迅速融入當地社會，甚至進入泰國的上層社會，並在經濟、政治和文化等方面都發揮了重要作用。

在日本，華僑面臨的主要挑戰是鎖國政策和文化差異。江戶時代的日本實施鎖國政策，限制外國人入境，華僑的活動範圍也受到限制。此外，由於文化差異，華僑很難融入日本社會。為了適應這種環境，日本華僑一方面利用唐通事等特殊身分，維持與日本社會的聯繫，另一方面則保持自身的文化傳統，形成了獨特的華僑社群。

第三章——大量出國的時代：十九世紀後半葉到二十世紀中葉

十九世紀前半葉，華僑移民主要以「華商型」和「華工型」為主。然而到了十九世紀後半葉，隨著歐洲殖民主義的發展，對勞動力的需求大幅增加，大量來自華南的貧苦庶民開始「被動」地前往東南亞尋找工作機會，形成了大規模的「華工型」移民潮。這一波移民潮的興起，與當時的全球經濟和政治格局密切相關。十九世紀中葉，隨著西方工業革命的推進和殖民主義的擴張，東南亞地區的經濟開始與世界市場接軌。大量的土地被開發為種植園，用於生產橡膠、蔗糖等經濟作物，以及礦產資源的開採，都需要大量的勞動力。

而在這一時期，華南面臨著人口壓力和土地不足的問題，加上近代航運的發展，船舶的規模更大、航行頻率更高，也讓工作機會和工資水準的訊息傳播得更快，吸引了大量的華人移民到海外尋找工作機會。華僑移民的類型也發生了變化。早期的華僑移民以商人為主，他們在海外從事貿易、金融等活動。在十九世紀後半葉，越來越多的華人開始以契約勞工的身分移民到海外，在種植園、礦山等地工作。這些契約勞工在苛刻的條件下工作，以償還船費和工資。

除了勞動力需求的拉動，技術革新也促進了華僑移民的規模和速度，十九世紀蒸汽船的普及是華僑移民規模大幅增加的重要原因。首先，蒸汽船的出現使更多人能夠負擔出國的費用，以往依靠風力的帆船航程耗時且昂貴，而蒸汽船不僅可以縮短航程，也降低了船費成本。蒸汽船定期航線和班次的加密促進了移民資訊的傳播，讓海外工作機會的訊息能更快傳回華南，吸引更多人出國。蒸汽船的普及也擴大了移民的輸出地，原本交通不便的內陸地區也能更方便地到達港口城市。最後，蒸汽船也為契約移民的發展提供了便利，勞工招募者能更方便地將大量契約勞工運送到海外。例如，蘇門答臘東岸省在十九世紀末至一九三〇年間，約有一百萬名來自汕頭的契約移民。電報的發明也加速了信息傳播，華僑可以更便捷地與家鄉和海外的親友聯繫，進一步推動了移民潮。

最重要的是，十九世紀出現了與中華民族主義緊密相連的「華僑型」移民。他們心繫的對象忽然因為中華民族主義的形成，而由「原鄉」化為「祖國」。他們可能積極支持大清國的改革運動，或是投身「中國」的革命和建設事業。仍為以融入本地社會為主流發展方向的唐人社會，忽然被「僑化」（sojournisation）為永恆的「遊子」。這種「變態」（abnormal）的華人移民發展，在未來一百年主宰了世界對全球華人的想像。作為對立面，十九世紀也出現了「華裔型」移民，他們是在海外出生並擁有外國公民權的華人後裔，接受了西方教育，更加融入當地社會，然而仍然保留著自身的文化傳統。移民目的地也更加多元，除了傳統的東南亞地區，華僑也開始前往美洲、澳洲等新目的地。例如，許多華工參與了美國橫貫大陸鐵路的建設。例如，在美國的華工參與了橫貫大陸鐵路的建設，他們克服了種種困難，為美國的經濟發展做出了巨大貢獻。然而，華僑在這些新天地也面臨著新的挑戰，遭受到不一樣的種族歧視、排華政策等外在壓迫。

華人從母國移民的原因在這個階段變得更加複雜，十九世紀後半葉，華南人口壓力日益沉重，資源與人口的比例失衡，許多農民僅有少量土地，無法維持生計，被迫出洋謀生。此外，西方殖民者在東南亞地區大規模開發種植園和礦山，對勞動力的需求激增，也吸引了大量華工前往。技術的革新，如蒸汽船的出現和電報的發明，也促進了華僑移民。華僑與當地社會的關係亦發生變化，隨著華僑人數的增加及經濟上的成功，他們與當地社會的關係變得更加複雜。在一些地區，華僑與殖民者以及當地其他族群之間的矛盾加劇，甚至引發了衝突和暴力事件；當然在其他地區，華僑積極融入當地社會、與當地人通婚後，也會繼續形成新的社會群體。

本章還探討了華僑移民的目的地和社群特徵。以馬來半島為例，大量來自閩粵的華人移民參與了錫礦的開發，並且依靠同鄉和宗族的藤曼式的網絡互相幫助。在美國加州，淘金熱也吸引了大量的華人移民，他們主要來自廣州三角洲地區，並且憑藉自身的技術和吃苦耐勞的精神，在淘金和修建鐵路的過程中，做出了巨大的貢獻。值得注意的是，本章也指出了將華僑移民簡單地歸因於「苦力貿易」的觀點需要修正。許多華人移民是自願出國尋找工作機會的，他們也並非都是被拐賣或被迫移民的，但這一時期的華人移民，也開啟了「變態」的開端。

第四章——民族主義下的「變態」：華人身分認同的挑戰與轉變

本章探討了二十世紀民族主義興起對華僑身分認同帶來的挑戰與轉變。隨著「國民國家」概念的普及和國際條約的簽署，華僑的身分認同問題從原本模糊的狀態，逐步被清晰地界定。首先，本章回顧了「華僑」一詞的演變過程。在鴉片戰爭之前，華語並沒有「華僑」的概念。傳統上，華人重視祖籍地，認為移居海外只是暫時的現象。然而自一八四二年中英簽訂《南京條約》後，清廷開始以「華民」、「人民」

等詞指代海外華人，並主張其為清朝臣民，這日後發展出清廷正式承認了「華僑」的存在。接著，本章探討了民族主義興起對華僑身分認同的影響。隨著清末革命運動的發展，海外華僑被號召參與「驅除韃虜，恢復中華」的革命事業，這促使他們在「國家」層面上重新思考自己的身分認同。辛亥革命後，中華民國成立，孫中山積極爭取海外華僑的支持，並允許華僑代表參政。

「華裔」與傳統華僑在身分認同上的差異，源自於他們形成的年代和背景不同。傳統華僑的形成可追溯至唐宋時期，當時的華人基於貿易、探險等原因移居海外。而「華裔」則是在十九世紀後期以後，在海外出生並擁有外國公民權的華人後裔。他們的出現與西方殖民主義的擴張以及民族國家的興起密切相關。十九世紀以後的「華僑」如果保留「中國」國籍並認同自己是「中國人」，通常都會心繫「祖國」，並積極關懷「中國」的政治事業。而「華裔」則擁有在地國的國籍和公民身分，他們認同自己是在地國的公民，對在地國的社會和文化有更強烈的歸屬感。新加坡總理李光耀即是「華裔」的典型代表，他雖然擁有華人血統，然而他認同自己是新加坡人，並致力於建設一個多元文化的新加坡。在本書中斯波義信的學生H君也是「華裔」，他認為自己是新加坡人，然而在內心深處仍對「中國」抱持一份非政治的特殊情感。在文化認同上，「華僑」通常會保留中華文化傳統，例如語言、習俗、宗教信仰等。而「華裔」則會受到在地國文化的影響，他們的文化認同更加多元化，可能會融合中華和在地國文化。

傳統華僑與祖籍國的聯繫通常比較密切，他們會定期回鄉探親、祭祖，並且積極參與祖籍國的社會事務。而「華裔」與祖籍國的聯繫則相對較弱，他們可能只會偶爾回鄉探親，對祖籍國的社會事務的參與度也相對較低。對於「華人性」的理解，傳統華僑通常認為「華人性」是與血緣、文化和歷史傳統緊密相連的，他們會積極維護中華文化的傳承。而「華裔」則對「華人性」的理解更加多元化，他們可能會將「華人性」視為一種文化認同，而不一定是與國籍和血緣直接相關的。

本章也以泰國和印尼為例，分析了不同國家民族主義政策對華僑身分認同的影響。泰國政府在二十世紀初期推行了一系列同化政策，鼓勵華僑改用泰國姓氏、學習泰語、融入泰國文化。印尼則面臨著更為複雜的公民權問題。儘管印尼政府承認華僑對印尼經濟的貢獻，然而其政策的搖擺不定，以及排華事件的發生，都對華僑的國家認同產生了負面影響。兩國在經濟政策上對待華僑的態度也有所不同。泰國政府鼓勵外國投資，華僑在泰國經濟活動相對自由。泰國民族主義興起後，政府開始推行經濟民族主義政策，然而並未完全排斥華僑的經濟活動。另外，泰國始終為獨立國家，經濟發展仰賴外來勞動力和資本，華僑在泰國經濟活動中扮演重要角色，並積極融入當地社會。泰國政府在二十世紀初期雖推行同化政策，然而總體較為溫和。

印尼獨立後則面臨如何處理荷蘭殖民遺留的經濟問題，以及如何發展民族經濟的挑戰。由於華僑在印尼經濟中佔有重要地位，印尼政府在經濟政策上對華僑的態度較為矛盾。經歷了三百五十年的荷蘭殖民統治，印尼的社會結構深受殖民政策影響。荷蘭殖民政府實行分而治之的策略，限制華僑的社會地位和發展空間。導致印尼獨立後在華人公民權問題上政策搖擺不定，甚至發生排華事件。

終章

本章探討了華僑的歷史發展、研究方法、經濟活動及其身分認同，呈現華僑群體在全球多元化背景下的複雜性及其歷史變遷。本章以時間軸為主線，梳理八世紀以來華僑在東南亞、澳洲、北美及日本的發展歷史，並強調華僑所處的環境差異和其多樣化的適應策略，揭示其發展並非一帆風順，也非一體化的簡單模式。

首先，華僑研究方法主要分為社會科學與歷史學兩類。社會科學側重於宏觀的社會結構與文化轉型，歷史學則專注於史料考證與過去經驗的重建。兩者結合可更全面地探討華僑如何在殖民地經濟、工業資本主義及本地文化的交織下，構建自身的經濟、文化及社會網絡。其次，本章指出，華僑的經濟活動具有強烈的網絡化特徵。這些網絡既依賴於血緣、鄉黨與人際關係，也逐步向更廣泛的「節點系統」發展，形成一種能夠適應全球市場需求的靈活商業模式。在東南亞，華僑尤其在零售業和金融領域扮演關鍵角色，憑藉其獨特的經濟組織能力，建立起區域內的物流與資金流體系。

在身分認同方面，華僑的多元化特性尤為顯著。二戰前的華僑主要以歷史與文化認同為主，展現對祖國的懷舊情感；二戰後，隨著民族國家的建設，政治認同逐漸成為重要議題。不同學者對華僑未來的身分認同持不同觀點：部分認為華僑將保持與中國的聯繫並強化文化傳統，另一些則強調其融入當地社會的潛力，形成多元且動態的身分認同。最後，學者如王賡武與赫查理分別提出不同的理論模型以解釋華僑的身分認同與社會結構。王賡武認為華僑的身分認同是多元化的過渡模式，未來發展取決於政策與環境；赫查理則強調經濟結構與社會關係對少數族群整合的影響。這些模型既能解釋歷史上的華僑經驗，也為理解其未來的多元化發展提供理論框架。

華僑群體在全球歷史和社會進程中的獨特性，源於他們深植於中國基層社會的文化傳統與組織原則，同時也體現了其在不同地域環境中的靈活適應能力。本文將從「藤蔓式」的移民模式、華僑的經濟與社會組織、身分認同的多元性與變化，以及全球化背景下的未來趨勢四個方面，探討華僑的特質與挑戰。

正如本書開首所說明，華僑的移民過程如同藤蔓一般，展現了其內部的凝聚力和網絡化特徵。當一個華人成功在海外立足，他往往成為同族、同鄉移民的榜樣與支柱。隨著移民數量的增加，與家鄉聯繫緊密的組織和機構逐步形成。例如，同族祠堂的分堂建立，族譜的編纂，甚至以方言為基礎的地域性互助組織（如公所、會館）的誕生，均表現出華僑群體強大的文化延續性與社會組織能力。這些機構不僅是聯繫同鄉的紐帶，也是維繫家鄉認同的重要工具，透過《鄉報》等刊物與家鄉保持聯繫，甚至促成定期的回鄉探親。這種「藤蔓式」的移民模式使得華僑文化與社會結構在海外得以延續。

然而，隨著社會與經濟的現代化，這些傳統的網絡逐步轉型。一方面，華僑企業在進一步發展過程中，逐漸向更廣闊的市場與國際資本體系靠攏，從以人際關係為核心的小圈子模式，向更廣義的「節點系統」轉變。另一方面，華僑也開始融入當地的經濟與社會體系，建立跨文化的商業模式與合作關係。本章呈現了二十世紀末華僑的身分認同如何成為一個動態、多層次的狀態。隨著殖民時代的結束與民族國家的建立，華僑的政治認同開始凸顯。是否接受當地國籍，是否融入當地社會，成為華僑需要面對的重大課題。

以二戰後的東南亞為例，在馬來西亞等華人人口多的地區，華人逐步融入當地的政治體系，形成「馬來西亞人華裔」的身分認同。而在華人人口較少的國家，華僑則更多地保留了對鄉黨或方言群體的認同。在這一過程中，一些華人選擇完全融入當地社會，另一些則保持與中國的緊密聯繫，甚至參與祖籍國的政治與經濟活動。在全球化進程加速的背景下，華僑群體更面臨新的挑戰與機遇。一方面，全球市場的互聯互通使華僑能夠更靈活地利用其全球網絡，拓展商業版圖，深化與祖籍國的聯繫。另一方面，民族主義的抬頭與文化同化政策的實施，可能對華僑的文化與社會組織帶來壓力。

同時，華僑身分認同的多元化進一步加劇了其內部的分化。一些學者認為，未來華僑的身分認同將更加動態，根據所在國政策、社會環境與個人選擇進行調整。例如，在資本主義發展較為成熟的地區，華僑更可能以全球商業網絡為依託，形成跨國的經濟與文化認同；而在文化多元主義的國家，華僑則可能以保持文化特色為主。

在過去一百年間構成的「華僑」身分，或許已是明日黃花。

1841
一八四一

何來華僑

「新南洋史」系列策劃人 孔德維
作者 斯波義信
譯者 陳健成
學術編注 白偉權、羅樂然
孔德維、張彧暋
責任編輯 黎國泳
文字校對 程思月
封面設計 吳為彥
內文排版 王氏研創藝術有限公司
出版 一八四一出版有限公司
印刷 博客斯彩藝有限公司

2025 年 1 月 初版一刷
定價 530 元
ISBN 9786269901746

一·八·四·一

社長 沈旭暉
總編輯 孔德維
出版策劃 一八四一出版有限公司
地址 臺北市大同區民生西路 404 號 3 樓
發行 遠足文化事業股份有限公司
（讀書共和國出版集團）
郵撥帳號 19504465 遠足文化事業股份有限公司
電子信箱 enquiry@1841.co
法律顧問 華洋法律事務所 蘇文生律師

何來華僑 / 斯波義信作 ; 陳健成譯 . – 初版 . – 臺北市 : 一八四一出版有限公司出版 : 遠足文化事業股份有限公司發行 , 2025.01

面； 公分

ISBN 978-626-99017-4-6(平裝)

1.CST: 華僑史

577.2 113020408

新南洋史